SAKIYAMA Jun
崎山潤

これで国語がよく伸びる

思考力・判断力・表現力を育てる導き方

文芸社

はじめに

お子さんの国語力を伸ばしたいものの、何をどこまで取り組んだらよいのかわからない保護者は多いでしょう。一般的に国語の指導は難しいと言われています。なぜなら子どもの発達段階を熟知し、個々の特性を把握した教え方が求められるうえに、それは経験による部分が多く、なかなか体系化しにくいからです。

「読解力をつけさせたい」
「作文が書けるようになってほしい」
「文章題が理解できていない気がする」
「国語が他の科目の足を引っ張っている」

こうした親の声をよく耳にします。しかし実際に子どもを指導すると、多くの場合それ以外の**「まわりが気付いていない問題点」**を発見します。

たとえば「読解力がない」とされる中でも、

・読む力（インプット能力）はあるのに、書く力（内容を言い換える力・まとめる力などのアウトプット能力）が足りないために点数が上がらない子
・接続語や指示語の認識があいまいなせいで因果関係がつかめていない子
・人の話をよく聞かない子（文章をよく読まない子とイコールです）

など、十人十色の特徴があります。

国語指導者として、子どもたちの力を伸ばす方法を常に模索してきました。効果があったものを中心に、経験を加味してまとめたのが本書です。「学習全般」「読解」「作文」「漢字」「生活」の順に整理しましたが、どれも一話完結ですので、興味あるテーマから読み進めて構いません。

日本有数の国文学者である小西甚一氏は、著書の中で「わたくしの話は、いつも『具体的にはどういうことか』をめざしている。具体的な事実に到達できないような解釈など、なんの役にも立たない」と述べています。

氏の足元にも及ばぬ私ですが、本書もできるだけ保護者・指導者目線で、「思考

力」「判断力」「表現力」伸長の観点に立ち、できるだけ具体的な方法を記そうと心がけました。

話のどれかが、お子さんの国語力伸長に少しでも寄与するよう願っています。

これで国語がよく伸びる 目次

第2章 読解 …… 37

第3章 作文 …… 137

第4章

漢字

第5章

生活 …… 233

第1章

学習全般

幼い頃から「効率よい学習」をする必要はありません

「入試までの期間は少ないけれど、今から教えていただくことは可能ですか？」という切羽詰まった要望がたまにあります。この場合は枝葉末節を捨て、エッセンスを意識した教え方に徹します。つまり「効率よく高得点を狙う指導」です。ただし、これは合格のためだけの知識注入であり、私の本意ではありません。とはいえ点数を取らねば「学びたい」学校から門前払いを受けるのも事実。そのための対策です。

「効率よい」学習は昔から世間の支持を受けやすく、保護者も飛びつきやすいようです。しかし、受験のみをゴールにした子ならまだしも……具体的に言うと小学四年生前の子に関して、そうした学習をさせる必要はありません。将来的なデメリットの方が多いからです。

私が子どものうちから効率よい学習をさせなくてよいと考える理由はいくつかあり、ざっと思いつくだけでも、

①自主性が育たない子になるから
②物事を捉える視点が狭くなるから
③子どもの頃の「効率的でない学習」が脳の容量を広げ、後々の成績向上につながるから

まとめると、**勉強以外の才能が削れ、成績も将来頭打ちになる可能性が高い**からです。

①自主性が育たない子になるから

効率よい学習とは、たとえば答えを最短で出すための方法を知る、入試頻出単語を覚えるといったこと。こうした「効率的な学習」は、まわりの大人が子どもに教える

場合がほとんどです。

「分数の足し算はまず通分。方法はこう」

「三角形の面積は底辺×高さ÷２だよ。覚えよう」

どれも効率的に見えますが、なぜそうなるのかと説明せずに伝授すると、教える側への依存度が高まります。「そんな馬鹿な。正しい解き方や知識を教えているのになぜそう言うの？」と不思議がるかもしれません。

では、もう一度先程の教え方を読んでみてください。

「分数の足し算はまず通分。方法はこう」

「三角形の面積は底辺×高さ÷２だよ。覚えよう」

これらはすべてただの「マニュアル伝達」であり、自ら疑問を発見する、考える、という子どもにとって一番大切な「問題意識を育てる教え方」とは無関係です。

確かに、問題をマニュアル通りに解く力やスキルはつきます。ですから、即時的に点数は取れ、成績は上昇します。しかし「なぜだろう？」と疑問を発見し、自分で課題を作って取り組む姿勢とは無縁なものです。

解く技術はつくので親は気付きにくいのですが、「疑問に思ったことを自分の力で解決しよう」という自主性はだんだんなくなっていきます。そして、マニュアル通りにやっても解けない複合的な問題や応用問題が出ると、すぐまわりに頼るようになります。**ちなみに、ここですぐ解決策を教えるとその傾向に拍車がかかりますよ。**

わからないことに挑戦する心が欠如した子は、あきらめが早くなります。長期的視点（子どもが自立した大人になるまで）から考慮すると、好ましくないですね。

②物事を捉える視点が狭くなるから

「効率よい学習」は、答えに至るまでの試行錯誤がさほどありません。しかし、この**試行錯誤こそが「多角的な視点と考える力」を養います。**充分に試行錯誤すれば、答えは出てこなくても構わないと言ってもいいくらいです。なぜなら頭を使った分だけ賢くなるからです。

あれこれと考えた子は、「この答えでいいのかな？　他の方法はないかな？　もっと適切な答えもあるかもしれないな」とあらゆる方向から物事を捉えようとしますが、答えの出し方をすぐに教えてもらった子は、言われた通りに出た答えに安心して、そこから先にはなかなか進みません。

「発明王」トーマス・エジソンの小学生時代のエピソードを紹介しましょう。

算数の授業で、先生は「1＋1＝2」と皆に教えます。子どもたちは理解しましたが、幼きエジソンは、「なぜそうなるのか?」と疑問が浮かび、答えを鵜呑みにすることができません。あれこれ考えても腑に落ちず、「一個の粘土と一個の粘土を合わせたら、大きな一個の粘土になる。1＋1＝1じゃないの?」と質問して困らせたそうです。

結果的に「疑問ばかり投げかけて、彼がいると授業にならない」と、三ヶ月で学校を退学させられます。

面白いことを言いますよね。あなたなら彼にどうやって返しますか?

「確かに見た目は一個だね。でも目に見えない『重さ』は足して二個分になっているよ」

「なるほど。もしかしたら『１＋１＝２』ってのは、目に見えない部分を数字にして、みんなにわかってもらう記号なのかもね」

「君が作ったその一個の粘土を、真っ二つに割ったら二個になるんじゃない？」

「君の理屈だと、『１＝２』も成り立つ可能性があるね。それでもいいのかな？」

ちなみに私はこういう疑問を持つ子が好きです。きっと盛り上がってしまいます。脱線しましたが、「疑問と試行錯誤」は子どもの視野を広げます。早い時期に効率的学習をさせ過ぎると、物事を捉える視点が狭くなる恐れがあります。

③子どもの頃の「効率的でない学習」が脳の容量を広げ、後々の成績向上につながるから

効率的でない学習は、答えを出すためにあれこれと試行錯誤をします。つまり、一生懸命に考えます。結構つらいのですが、何度もくり返すと学力がつき、答えの出し方にこだわりが出てきますし、自然と「効率的な解答法」にたどり着きます。

ところで、目の前に十個のカステラがあったとします。しかしあなたが持っているお菓子箱には五個のカステラしか入りません。さあ、どうしますか？

「五個入れてあとはその場で食べる」

不正解。

「カステラはスポンジみたいなものだから、半分に潰せば十個入るのでは？」

もちろん不正解。

答えは簡単。十個以上のカステラが入る、大きなお菓子箱を作ればいいのです。

「何それ」と笑わないでくださいね。別にいじわるクイズをしたかったのではありません。

下手なたとえ話でしたが、カステラを「知識」、お菓子箱を「子どもの脳の容量」に置きかえてください。

脳の容量が小さければ、知識を注入してもこぼれて入っていきません。容量が大きければ知識を受けとめられます。ということは、**「脳の容量」を大きくすればいいのです。その大きさは、試行錯誤して考えた経験の多さに比例します。**ああでもない、こうでもないと、時にはストレスを感じながらも脳に負荷を与えれば大きくなります。効率的でない学習の意義はそこにあります。

答えがなかなか出なくても、時間をかけて考えれば、じわじわと脳の容量は広がっていきます。これは筋肉トレーニングをすればどんどん筋肉がついていくのと同じで、**考えれば考えるほど子どもの「思考力」は高まっていきます。**脳が目覚めていくので、物覚えも相当よくなります。**最初から効率的な学習を教え込むと、脳の容量が広がらず限界が見え、伸び代がなくなっていくのです。**

幼いうちは、すぐに解決法を教えたりせず「うちの子はがんばっているんだな。脳を鍛えているんだな」とあたたかく見守ってあげてくださいね。

教え過ぎず、子どもの頭を鍛えましょう

教えるときは、「問題が解けた」とか「正解だった」など、結果に目が行きがちですが、**「この子はどれくらい考えたのか？　頭の中はどれくらい動いたのか？」**という過程も観察してください。

教える方は、ついつい親切（もしくは熱血）に解説します。しかし、子どもがすんなり理解できたとしても、それが持続するかは別問題。すぐに理解できたということは「あまり考えずにすんだ」の裏返しでもあり、消え去る可能性も高いのです。逆に頭を使って苦労したものほど、その子の血肉になります。

要するに「正解へ導かせるために、あれこれと親切に教え過ぎると、かえってためにならない場合がある」ということ。むしろ、**たとえ答えは出なくても、一生懸命に**

考えた時間こそがその子の財産になります。

教員時代に、週一回「無言の授業」という読解演習を行っていました。文字通り教師も生徒も終始無言。一人一人のレベルに応じたプリントを配布し、生徒はそれが正解するまでがんばるというもの（辞書の使用は可）。

各解答欄のとなりには「なぜあなたはそれが答えだと思ったのか、理由を〇〇字以内で説明せよ」という説明枠も設けていましたから、生徒は手抜きができず、自分の言葉で理由を書かないといけません。私は進み具合を確認し、**緊張感を持続させる役に徹します。**

生徒が答えを持ってくると〇×をつけ、×がついたものは再度考えて答えを出させます。「無言」というルールがあるので、ヒントは与えません。×をつけられた生徒はもう一度がんばって文章を読み込みます。しばらくしたら新しい答えを持ってきます。間違うとまた×がつきます。再チャレンジは（状況によりますが）二回まで、としていたので、もう後がないと必死に文章を読み込み「なぜ自分の解答は違っているのか」と原因を考え抜きます。

自分の考えを細部までチェックし、本文を真剣に読み込むようになるので、次第に一回目から精選された答えを持ってきますし、頭の中もクリアになっていきます。読み込む習慣がつけば、よほどのことがないかぎり読解力も上がります。

こうやって頭を使わせるのも指導のひとつ。親切丁寧・わかりやすい指導も必要ですが、たまには大海原に放り投げ、自力で泳がなければ助からない、という鍛え方もまた必要です。なぜなら、テストのときは誰も助けてくれないし、**自分の頭で考えると自立心もつくからです。**ヒントを出して、懇切丁寧に対応するやり方を否定しているわけではありませんし、批判しているわけでもありません。しかし、「わかりやすい授業」イコール「成績を伸ばす授業」と思い込んでいる方々は多いのではないでしょうか。

問題解説がわかりやすく、満足感の高い授業を受けたとしても、その後に自分の力で類題を解くなど頭を使う努力をともなわないと定着しませんし、成績にも結びつきません。**本当の学力はインプット後の確かなアウトプットで初めて身につくのです。**

ちなみに、私はアウトプットの「質（脳への負荷）」を高めるために、その子が解けるぎりぎりかそれ以上のレベルの問題を常に与え、安易な質問は受け付けないようにしています。こうやって頭を限界まで鍛えます。

ご家庭でお子さんの勉強をみる際は「どうしてこの答えになったか説明してごらん」とたまに聞いてください。**理解していない場合は必ず言葉に詰まります。**言葉がまとまらないということは、まだ頭の中がまとまっていないということですので、何度か聞いて考えさせてみましょう。これも脳に負荷を与えて鍛える方法のひとつです。**頭は使った分だけよくなります。**自らの力で問題を突き進む子になるためには、親切・丁寧な指導だけではなく、その逆もまた必要です。お子さんの性質と付き合いながらバランスよく教えてあげてくださいね。

質問攻めの子には、たまには質問し返してみましょう

子どもは生きているだけで「なんで？」と疑問の連続です。そんな調子ですから、家で勉強をみていると質問攻めで疲れるという保護者も多いかもしれませんね。こちらがわかりやすく解説しても、聞いているのかいないのか、話している途中にすぐ次の質問を持ってきます。そんな経験はありませんか？

私は「答える質問」と「答えない質問」を選んで返答しています。答えない例としては、

①「『けいだい』って漢字はどう書くのですか？」

②「この記号問題は『イ』で当たっていますか？」

③「この設問が何を聞いているのかわからない」

これらの質問に答えることはありません。

①「『けいだい』って漢字はどう書くのですか？」

↓「先生は辞書じゃないよ」

そう言って国語辞典で調べさせます。単語は自分で調べた方が覚えるのです。

②「この記号問題は『イ』で当たっていますか？」

↓「『イ』が当たっている理由と、それ以外が間違っている理由を説明してごらん」

この手の質問をする子は文を適当に読んでいる傾向があります。こう促して、熟読させます。私が生徒を教えるときに心がけているのは**「頭を一生懸命に使い、考えさせる」**こと。説明はできるかぎり彼らにさせます。

③「この設問が何を聞いているのかわからない」

↓「それを考えるのが君の仕事だよ」

頭を使うのが面倒くさいからすぐ質問する、という子がいます。子どもは考えずに楽をして、指導者が頭を使って苦労する現象ほどおかしな状況はありません。こうやって「頭をまだ充分に使っていないな」と感じる質問には、極力答えないようにしていますが、手強いことにそれでも「考えずに質問」してくる子がいます。

こういう子には、逆に質問し返してみましょう。

「どうして君はそんなことを考えたの？」

「なんでこの答えになるのだと思う？」

問いかけてみると、子どもは一呼吸つくことができますし、緊張感も生まれます。自問自答している様子ならばしめたもの。その後、少し待ってしっかりと質問内容を説明させましょう。

よく考えてもいない質問に答えても彼らの心には残りません。こちらが苦労するだけで、実りの少ない時間が過ぎていきます。ですから、たまには質問し返して、こちらの返答をしっかりと受けとめる、固い器のような「聞く姿勢」を育てましょう。これができればおかしな質問はだいぶ減り、自ら思考するようになります。

「頻繁に質問する子には質問し返してみる」

反応を見てまた次の手を考えるのも楽しいですよ。

英語力を伸ばしたいなら、日本語力もつけましょう

入塾前の面談では、保護者から様々な相談事を受けるのですが、最近増えてきたと感じるのは「英語と国語の相関性」への質問です。たとえば以下のようなもの。

Q

うちの子は小さい頃から英会話をやっていて、英語はできる方です。しかし国語が苦手で、漢字などの語彙力がいまいちです。このままだとまずいですか？

A

英語ができるのはいいことです。子どもの自信につながるので今後も伸ばしてあげてくださいね。ただし、もしお子さんが日本の学校に進学する予定で、

「国語」とこれからも付き合うのであれば日本語力もつけましょう。日本語力が低いと、将来的に英語の成績も頭打ちになるからです。

いわゆるバイリンガル脳は例外ですが、**英語と国語は関連しており、二つに通底するのは日本語力です。**

「なんで英語なのに日本語力なんて言葉が出てくるの？」と疑問に思われるかもしれません。まずはこの話の根幹である「母語」について考えましょう。

〈母語〉

辞書を引くと、「生後数年間のうちに、話者が生活環境のなかで自然に身につけた第一言語を指す」とあります。お母さんやお父さんは、自分の赤ちゃんに語りかけますよね。すると赤ちゃんは、両親の話している言葉を何となく理解し、発音を真似して自分の言葉にします。このように、その子の根源となる言語を母語（英語ではmother tongue）と言います。

母語形成には、まわりの大人が話している言葉が影響します。子どもと接する時間が一番多いのがお母さんならば、お母さんの話す言葉が母語の中心になってくるでしょう。もちろん、お父さんや祖父母など、よく接する大人が話している言葉も、母語に影響します。日本人同士の父母の間に産まれた子どもの母語はおそらく「日本語」になるでしょう。では、母語の実験をしてみましょう。

問題　これは何ですか？

「車でしょ」と思ったなら、あなたの母語は日本語です。

If you see this picture and think "it is a car", your mother tongue is English.

（もしこの絵を見て「it is a car」と思ったならば、あなたの母語は英語です）

物体を見たときに浮かぶ単語や、自分で物事を考えるときに何語で考えるか？　というのが母語のイメージ。「考える土台となる言葉」です。土台は強固であればあるほどよいでしょう。先程の例文（If you see this picture and think "it is a car", your mother tongue is English.）を、日本語変換せずに理解した人の母語は英語です。あなたはどうでしたか？　一度頭の中で日本語に訳したなら、母語は日本語です。

このように、人間は第二言語を母語（ここでは日本語）に一度翻訳するので、もともと持っている日本語力は豊かな方がいいのです。

"I am happy." なんて単純な英文があったとします。日本語訳できますか？「私は幸せです」でしょ？　はい正解。他にも作れます。
①「安心だ」
②「私、嬉しいわ」

③「満足だよ」
④「幸福さ」
⑤「僕って恵まれているよ」

どれも、状況によってあてはまりますが、①~⑤の日本語の言い回しを知っていなければ出てきません。英語を日本語に変換（翻訳）するためには、持っている日本語力が必要不可欠です。私たちは英語を一度日本語に変換して理解していますし、英文を書くときも、まずは日本語で考え、その後に英語に変換してペンを走らせます。

流れを整理しましょう。

〈英文を読む場合〉
英文を↓「母語（日本語）」に変換し↓理解する。

〈英文を書く場合〉
「母語（日本語）」で考え↓英語に変換し↓英文にする。

〈英語を話す場合〉

「母語（日本語）」で考え→英語に変換し→発音する。

いずれにせよ必ず母語を通過するため、**日本語力がその人の英語力の上限になります**。ですから、英語だけ鍛えてもいずれ伸び悩む日がやってきます。英語の勉強は大事ですが、それを受けとめる母語も磨かないと頭打ちになります。語彙を増やし、正確な文法を身につけましょう。

ところで、念のため述べておきますが、今回の話は、既に母語が日本語である人についてであり、母語が確立していない小さな子に関してはこの限りではありません。「発音」に関しても、幼い頃に身につけるメリットは充分にあります。**決して幼児期の英語教育を否定しているわけではありませんので、誤解しないでくださいね。**

キッチンタイマーを使った学習法

ご家庭でも簡単に取り組める、キッチンタイマーを使った学習法を紹介します。私は、「頭を使う作業を、集中力を持続させたまま取り組ませる」を指導目標にしていますが、頭が疲れてきたら集中力は低下しますし、同じ作業は飽きてきます。そこで、そんな子には時間を区切って様々な種類の問題に取り組ませています。

たとえば、合計一二〇分指導しなければならないときは、計画表と目標を子どもに書かせ、キッチンタイマーを机の前に置いて時間を意識させています。

（一例）

①計画表作り　（事前）

②漢字の小テスト二五問　一〇分
③小作文特訓　二〇分
④文章の要約特訓　二〇分
⑤添削・指導　一〇分
　↓ここまで六〇分
〈後半開始〉
⑥説明・読解特訓　三〇分
⑦解説・指導　一〇分
⑧語彙特訓　一五分
⑨達成度確認&反省　五分
　↓合計一二〇分

キッチンタイマーで時間を意識させながら進行状況をチェック。余計な口出しは控えて「はい、次」とスピード感を持って仕切ります。楽をさせたくないので、**私は生**

徒の学習レベルに応じて、個々の限界に近い問題を用意します。作業は意識が緩まないように引っ張らず、次へ次へと移行します。もちろん毎回計画通り行くことはないのですが、このように時間を区切って別の作業に取り組ませると、集中力を維持したまま予定時間は過ぎていきます。

国語だけでもここまで細分化できるので、他の科目もミックスするとさらに幅が広がるでしょう。こうやって時間を意識させるのもひとつの手です。

コツをまとめます。

①ひとつの作業の限度時間を決める。できるかぎり延長しない
②目の前にキッチンタイマーを置いて時間を意識させる
③取り組む分野を変化させた方が能率は落ちない

取り組みを見ながら微調整していくと、その子のベストな時間配分が見えます。ぜひお試しください。

第2章

読解

低学年のうちに読解力なんて意識しない
それより、体験と暗記による語彙力向上が大事

Q

小学二年生の母親です。私は国語、特に読解問題が苦手でした。だから、我が子には今のうちに読解力をつけさせたいです。

A

お気持ちはわかりますが、低学年のうちから読解力をつけさせようとしないでくださいね。それより、たくさんの体験をして、体験を言葉にして、生きた語彙を増やしてください。そうすれば世界がどんどんクッキリと見えてくるので、子どもは世の中に興味を持ちますし、ゆくゆくは読解のための貯金になりますよ。

人間の脳には発達段階があります。物事を筋道立てて考えられるようになるのは十歳ごろと言われており、これは私も実感しています。九歳より前は、子どもは主観と本能の世界の住民（自由気ままということです）であり、客観と理性（自由を強く規制するということです）が必要な「読解」は脳の発達上難しいのです。

「栄養があるから」という理屈で歯が生えていない子どもにステーキを食べさせるお母さんはいませんよね。早い時期に本格的な読解を強いるのはこれと同じです。

そういうわけで、私が本格的に読解指導をするのは小学四年生から。といっても長文問題をすぐに解かせるのではなく、短文要約などから段階的に読み方を教えていきます。その前の小学一～三年生では、「長文問題を解かせる」必要はありません（国語嫌いになる可能性が高くなります）。それよりも、生活体験に比重を置いてください。**いろいろなものを見聞し、友達や大人とたくさんふれ合って、数多くの体験をさせてあげてください。それが心の柱になりますし、国語力の源にもなります。**そして生活体験は、話したり、日記にしたり、形として出しましょう。**インプットとアウトプットの両輪で言語力は身につきます。**

私が保護者に「勉強もいいけど、まずは外で思い切り遊ばせてください。友達と喧嘩しても構いません。転んで泣いたっていいじゃないですか。多くの体験をさせて、たくさん会話しましょう」と説く理由はここにあります。体験は言語形成のための材料です。体験がないと言葉も育ちません。

また、**体験と結びつけて暗記にも力を入れてください。**具体的に言うと「生活の中でたくさんの言葉を覚えよう」ということです。たとえば、日常生活で子どもの目に映る物について教えてあげるとよいでしょう。語彙に関しては、「詰め込みすぎ」はありません。実際の経験、読書、読み聞かせなど、子どもの興味にしたがってどんどん言葉を覚えさせましょう。

幼いうちは、目の前の世界を漠然としか捉えられません。「『ぶっぶー』がはしっているね」と言う子は、四輪で音を立てて動く物を、すべてそう捉えています。靄《もや》がかったものを見ているように、対象物を漠然と理解しています。

そのうち、「くるま」を覚え、「赤い車、水色の車」「トラック、バス」「トヨタのプリウス」など、語彙が増えるにしたがって、対象物を明確に捉えだします。**言葉を知**

るとは、物事を正確に捉えるということです。そして物事を正確に捉えると、目の前の世界はどんどん明瞭になってきます。

また、**言葉を増やす（＝語彙力を上げる）と思考力も上がります。**「考える」とは、すなわち自己との対話です。その対話に使われる言葉が豊富で、さらに言えば難しいものであれば自然と思考力は向上し、緻密な考え方もできるようになります。「賢い子は難しい言葉をよく知っているなあ」と感心した経験は、誰しもあるのではないでしょうか？

この頃までに覚えた言葉は、後々文章を正確に読むための手がかりになります。逆に、語彙力が乏しい子は書かれている言葉がわからず、適当に流して読みます。

語彙力のある子は、十歳を過ぎた頃には文章もだんだんクッキリと読めてきます。先程の「世界が明瞭に見えてくる経験」と同じように。ですから、小学校低学年の頃は読解問題よりも、できるだけ多くの生活体験をし、声を出して本を読み、興味にしたがって、多くの言葉を覚える子に導いてあげてくださいね。そうなれば国語力の土台はできたようなものです。ぜひ家庭でも語彙力アップに取り組んでください。

人の話を遮る子は、読解力がつきません

こちらが説明をしている途中に、話を遮ってまで質問したり、別の話をしたりする子は、読解力がつきません。

子どもに説明するときは、頭の中へ抵抗なく入っていくように、できるだけわかりやすく語りかけています。このとき、聞く方はこちらが伝えようとすることをしっかりつかみ取らねばなりません。その姿勢で話を聞こうとすれば、理解しようと頭を使うため無言になります。これを逆から捉えると、こちらが語っているのに話しかけてくる子は「人の話を真面目に聞いていない」に等しいです。

これは文章を読む姿勢にそのまま反映されます。つまり**「人の話を真面目に聞かない子」**は、**「人が書いた文章を真面目に読まない子」**です。高校生が「読解力不足」

を訴える場合は、語彙力不足や、恣意的な解釈に起因するものがありますが、小学生の場合はそもそも真剣に読んでいないケースが多いのです。子どもですから精読意識がさほど高くないのですね。

これを根本から正すには、まずは「ちゃんと文を読む」から始めねばなりません。日常にあてはめると、「ちゃんと話を聞く」です。**相手が話をしているときに自分が話をすると、その主張や伝えたい本質を理解できません。**もしお子さんにそんな傾向があるならば、気付かせて直しましょう。

私の場合、生徒がそんなことをしたらすぐに話をやめます。そして「今、君に説明をしていたね。その話を遮るということは、もう内容を理解したとみなす。私が何を伝えたかったのか説明してごらん」と促します。

もちろん答えられません。

急なプレッシャーに固まる子がほとんど。こうして緊張感を与え続けると、だんだんこちらの説明も聞きますし、文章も真面目に読むようになります。読解の第一歩がこれで踏み出せました。

読解以前の初歩の初歩ですが、こうしたことを意識せず、すぐ問題に取り組ませる保護者は多いのではないでしょうか。まずは人の話をじっくりと聞く姿勢を育てましょう。行動にも落ち着きが出ますよ。

ところで、これは子どもに限ったことではありません。「私も読解が苦手だったなあ」とつぶやくあなた。普段、人の話を遮ってまで自分のことばかり話していませんか？　いかがですか？

読解力のある子は、要約が上手

国語に関して、一番多い要望は「うちの子の読解力をつけてほしい」であり、生徒も「読解力をつけたい」と言います。そこで、私が「『読解力』とはどんな力だと思う？」と質問すると、たいてい「文章を読んで、何が言いたいかを理解すること」「人物の心情がわかること」と返ってきます。

しかし、残念ながら認識不足。それを読解力と思い込んでいるから、なかなか問題が解けないのです。問題を解く上で必要な読解力とは**「文章を正しく理解し、理解したことを第三者に証明できる力」**を指します。「私はこの文章を理解したよ。それを君にもわかりやすく伝えるね」と自分以外の者に正しく表現できる力も含みます。

多くの方は、読解力を鍛える上で「文章を正しく理解する」ためのインプット（読む）テクニックを重視します。たとえば、接続詞をマルで囲み、指示語の内容を把握し、抽象部（まとめ部）や大事な部分には線を引いて読む、といった作業。

もちろんそれは大切です。私も、長文読解に取り組ませる際はそう指示します。しかしその後、**本当に理解したのか確かめる作業も欠かしてはいけません。**重要なのですが、多くの人はこれをしません。

正しくインプットした文章を、正しくアウトプット（書く）できないと「文章を読解した」とは言えないのです。では正しいアウトプットとは何かというと、まずは鉛筆を握り、**読んだ文章を数十字程度で「要約」して書くこと。**これが一番わかりやすい証明方法です。**要約は、書く作業をともなうので記述力の練習にもなります。**

語学の習得において「読む力」と「書く力」は表裏一体ですが、読解は「読む力」を鍛えればいいと、「書く力」まで意識しない人が多いです。しかし、本当に読解力のある子は作文も書けますし、記述問題も苦にせず取り組みます。もちろん要約も上手。これは読解センスがあるとかないとかではなく、書く作業を地道に取り組んできたか否かの結果です。読解力向上のためには、「書く力」も鍛えないといけません。

国語の長文問題は、最初に「以下の長文を読んだ後に、設問に答えよ」と記されています。これは「文章を正しく理解したかどうかを、答えを書いて証明しなさい」と同じです。

前置きが長くなりました。それでは、楽しみながら要約練習をやってみましょう。

要約文の作り方

ルール①　大事な部分はどこかと意識する

大事な部分をつなげていくのが要約の第一歩です。

では例文を。

例文

文章を書くにあたって、自分の考えをうまく言葉にできないという経験は誰にでもあるでしょう。楽しい気持ちを表すのに「～をして楽しかった」ではあまりに芸がないし、どのように楽しかったのかをもっとくわしく表現したい。しかし、頭に浮かんでくるのはふわふわと形にならない、言葉ができる前の何かであり、いくら考えても具体的な言葉が出てこずに、結局はありきたりな文章になってしまう。そんな経験のことです。

一見難しそうですが、以下のルールに沿って取り組めば簡単に要約できます。

ルール② 抽象部と具体部に分ける

文の中で**「まとめ」になっている部分が抽象部**で、「まとめ」だけでは何が言いたいかわかりづらいだろうな、ということでたとえ話を出したり、筆者自身の経験を語ったりして、相手に伝わるようにと**「詳しく説明」した部分が具体部**です。だいたいでよいので、文の構造をその二つに分けてみましょう。そして、ルール②を行うときは、必ずやらなくてはならない作業があります。

ルール③ 抽象部など、大事だと感じた部分には線を引く

大事な部分とは何ぞや？　と引っかかった人がいるかもしれません。それは先程の「まとめ」になっている部分が主ですが、その他にも「似たような表現のくり返し」や「筆者が疑問を投げかけている箇所」など様々です。やり始めはある程度大まかに捉えてください。

なぜなら、**量をこなしているうちにだんだんと線を引く箇所がわかってくるからです。やる前から完璧を目指すよりも、まずは手を動かしましょう。最初から細かく考え込みすぎると先に進みません。**ですから、最初は「これは大事そうだな」と感じた部分に線を引きましょう。線引き後の要約を何度か行えばだんだんと慣れてきて、肝心なポイントに線を引けるようになります。

では、例文の抽象部に線を引きます。

＊

文章を書くにあたって、自分の考えをうまく言葉にできないという経験は誰にでもあるでしょう。楽しい気持ちを表すのに「～をして楽しかった」ではあまりに芸がないし、どのように楽しかったのかをもっとくわしく表現したい。しかし、頭に浮かんでくるのはふわふわと形にならない、言葉ができる前の何かであり、いくら考えても具体的な言葉が出てこずに、結局はありきたりな文章になってしまう。そんな経験のことです。

＊

抽象部だけではなかなか伝わりづらいので、「楽しい気持ちを表すのに」から「そんな経験のことです。」まで、たとえ話を用いて具体的に言いかえていますね。

では次の手順。要約では、こういった具体例は原則的に省略します。

ルール④　具体部は要約に含めない

というわけで、例文後半は具体例ですから省略。要約文は、

文章を書くにあたって、自分の考えをうまく言葉にできないという経験は誰にでもあるでしょう。


となります。

最初のうちはここまでできれば合格ですが、慣れてきたら次の手順に進みます。**余分な箇所をそぎ落とし、洗練させ、書く力（記述力）を磨きましょう。**

ルール⑤ 文体は常体に統一する

世の文章は、常体（～だ・～である）か、敬体（～です・～ます）の二パターンで書かれています。原文が敬体なら、そのまま敬体で要約したくなる気持ちはわかりますが、思い切って常体で統一しましょう。字数が縮まり、無駄のない要約ができあがります。

先程の「文章を書くにあたって、自分の考えをうまく言葉にできないという経験は誰にでもある**でしょう**」は、「文章を書くにあたって、自分の考えをうまく言葉にできないという経験は誰にでもある**だろう**」と常体にします。

しかし、まだ無駄があるのでもうひとがんばりしましょう。

文章を書くにあたって、自分の考えをうまく言葉にできないという経験は誰にでもあるだろう。

傍線部はまだ短くできます。これを省略・凝縮すると、

文章を書くとき、自分の考えを言葉にできない経験は誰にでもある。（解答例）

だいぶスッキリしました。要約のルールはまだありますが、とりあえずこの六つの大原則に沿ってどんどん取り組みましょう。慣れが肝心です。

要約用教材としては学校の教科書や、学年に応じた「長文問題集」などが身近でよいでしょう。形式段落番号をふって、段落ごとに要約を行えば、正確に読むようになり、読解力は向上します。文字数は60字程度から始めるとよいでしょう。

要約に慣れてきたら、さらに進みましょう。応用的な方法を教えます。

ルール⑥　原文の意味を崩さない範囲で、表現を省略・凝縮する

応用① 文の前後などを組みかえる

では例題を。

問題　以下の文を40字以内で要約しなさい。

さて、文章を書く前に「体験」について少し述べましょう。体験というと大げさに聞こえますが、何も大層なものではありません。これは世の中とふれあうことに他なりません。たとえば新しい友達ができて、自分とはタイプが違っていて興味を持った、雨上がりの土を掘りかえしたらむせるようなにおいがした、力いっぱい運動をした後の夕ご飯は格別だった……など直接に経験したことで、これを言葉にすると説得力のある文章になります。いわば体験は文章を書くための材料のひとつと言えます。

「体験」についての説明があり、それが書く材料になると述べています。要点は最後の部分。線を引きます。

＊

さて、文章を書く前に「体験」について少し述べましょう。体験というと大げさに聞こえますが、何も大層なものではありません。これは世の中とふれあうことに他なりません。たとえば新しい友達ができて、自分とはタイプが違っていて興味を持った、雨上がりの土を掘りかえしたらむせるようなにおいがした、力いっぱい運動をした後の夕ご飯は格別だった……など直接に経験したことで、これを言葉にすると説得力のある文章になります。**いわば**体験は文章を書くための材料のひとつと言えます。

＊

「いわば」は換言の接続詞。同じ意味をくり返す際に用いる接続詞で、前文のまとめや要点が後文にくるパターンが多いのでマルで囲み、注意しましょう。指示語の「これ」は体験のこと。よって、ルール①〜⑥にしたがって要約すると、

体験を言葉にすると説得力のある文章になる。体験は文章を書くための材料のひとつだ。（40字）

となります。正解と言いたいところですが、何か違和感がありませんか？

読むと「体験」と「文章」が二度使われていて、なめらかさに欠けます。**言葉の重複はなるべく避けましょう。**核となる部分は「体験は文章を書くための材料のひとつ」で、次が「体験を言葉にすると説得力のある文章になる」。

そのまま並べるとうまくいきませんね。このように「言葉が重複する」「文章が不自然」と感じたときは、文の前後を逆にするなど、順番を組みかえるとうまくつながる場合があります。書く力が求められますね。**要約作業は、読解力だけではなく文法力と作文力も鍛えられるのです。**

解答例

体験は書くための材料のひとつであり、これを言葉にすると説得力のある文章にな

る。（39字）

ここで出したもうひとつの応用技を教えましょう。

応用②　同じ言葉は、指示語に変換する

同じ言葉をくり返し書く子は多いです。先程の要約文「体験は書くための材料のひとつであり、これを言葉にすると説得力のある文章になる」における指示語「これ」は、もちろん「体験」のこと。同じ言葉の連続使用は美しくありませんね。指示語で代用します。

応用③　文中の言葉を、要約にふさわしい語に変換する

ここまで取り組むと、長文読解の記述問題どころか「選択問題」での正答率が格段に上がります。とある随筆を例に説明しましょう。

問題　以下の文章を40字以内に要約しなさい。

何十年もアメリカやイギリスの小説を翻訳していると、外国にはしょっちゅうでかけているものと誤解されがちだが、そんなことはない。翻訳家は日本にいてこそ存在理由がある、などと強がりを言っているが、なに、生来の面倒くさがりと、飛行機ぎらいと、英会話コンプレックスの三位一体が、外国へ行かない本当の理由である。

ところがいかなる風の吹きまわしか、今年は夏から秋にかけて二度も海を渡るはめになった。かれこれ三十年ぶりの外国行きである。しかも行った先がともに初めてのイギリスとアメリカというのも、仕事とのかかわりで考えると情けないかぎりだが、反面、長い間飯の種を提供してくれた両国にこれでやっと義理がはたせた、という思いもある。

高校生でさえ修学旅行やホーム・ステイで外国へ行く今日このごろ、今さら海外旅行の話でもあるまいと笑われるのを承知で、イギリスで印象に残ったことを書いてみることにする。

この文章で最も言いたい要点は「初めて行ったイギリスで印象に残ったことを書いてみることにする」。

縮めると、

初めて行ったイギリスで印象に残ったことを書く。（23字）

そこへ主部を補います。

翻訳していると、外国にはしょっちゅうでかけているものと誤解されがちだが、そうではない翻訳家の私が（48字）

↓

初めて行ったイギリスで印象に残ったことを書く。（23字）

合計すると71字。

これだと長い上に「翻訳」が重複しています。すっきりさせると「外国へしょっちゅうでかけているわけではない翻訳家の私が」（27字）となりますが、まだ字数オーバーな上に、原文を用いた「外国へしょっちゅうでかけているわけではない」は要約表現としては、やや冗長。そこで、**言葉を言い換えてみましょう。**

外国へしょっちゅうでかけているわけではない翻訳家の私が

つまり、

翻訳家ながら渡航経験が乏しい私が（16字）

縮小して40字制限をクリア。文の密度も高まりました。

解答例

翻訳家ながら渡航経験が乏しい私が、初めて行ったイギリスで印象に残ったことを書く。（40字）

もし、あなたの子どもがここまで文章を要約してきたら、「確かに読解できている」と納得しませんか？　**改めて言いますが、要約は読解の証明です。**

先程、他の言葉に変換する力を高めると、選択問題の正答率が格段に上がると言いました。なぜなら選択問題の文章は、本文内容を別の言葉に置きかえて作成しているからです。これは中学入試に限らず、高校・大学入試でもそう。実例を紹介しましょう。

文章が上手に書けるようになりたい、あるいは、きちんとした文章が書きたい、というような希望はだれしもが抱くものだと思います。それで世の中には、数多くの文章作法の本や、日本語表現のテキストなどが刊行されて、あたかも、そういう本さえ読めばただちに文章が上達するような「幻想」を振りまいています。

しかしながら、正直なところ、これさえ読めば文章上達間違いなしというような本は、まあ、あり得ない。

それはなぜかというと、文章というものは、その書き手自身の心とどうしたって切り離しては考えることができないからです。そうして、ひとりひとりみな心の持ち方も違い、またそういう心を作り上げてきたバックグラウンドになる人生経験も違っている。そうすると、人々の心ごころから発するところの文章について、だれにでも万能に効く処方などあるはずはないというのが、論理的に当然の結果だからです。

（林望『文章の品格』より　※傍線は筆者による）

問題　傍線部について、「だれにでも万能に効く処方などあるはずはない」理由として最も適切な説明を次の中から選びなさい。

（ア）文章は個々の人生経験や内面に基づくので、全員に通用する絶対的な上達方法はないから。
（イ）文章は心の持ち方が大事なので、まずは正しい人生経験を通過しないと上達しないから。
※他の選択肢は割愛します。

こういう選択問題はよく見かけますね。答えは（ア）ですが、選択肢の中の「個々」や「内面」「絶対的」という言葉は文中に見当たりません。これは、文中の「ひとりひとり」が「個々」、「心の持ち方」が「内面」、「だれにでも万能に効く」が「絶対的に」に言い換えられているのです。**普段から要約に慣れて「言い換え力」が高まっている子は、（ア）が正解だと気付きます。**

文章を自分勝手に読む人は（イ）を選んでしまうかもしれません。それを「主観的」と言います。読解とは文を客観的に分析すること。あなたが何を感じたか、どう思うかという「鑑賞」ではありません。

　このように、客観的分析力（ここでは読解力に近い意味で用いています）を養うのに要約練習は大変有効です。問題を解くテクニック、たとえば逆接や換言の接続詞の後に注目する、段落の末部に注意する、間違った選択肢の消去方法、などを覚える前に**要約読みによって読解の基礎を作りましょう。**どんな立派な家も、土台（基礎）がしっかりしていなければ崩れてしまいます。読解もそうです。解説やマニュアルを読んでわかったつもりになるのではなく、まずは原文と本気で格闘しないと、真の読解力は得られません。私は、長文読解問題の前に、文章の要約を行わせます。それが的外れなら問題を解かせません。**読めていない人に問題を解かせても無意味だからです。**

　要約の出来は個人差がありますが、だいたい一ヶ月程度で人目に耐えうる文を書くようになります。できるようになるとこの作業は楽しくなりますし、**問題の解説もしみ込むように吸収していきます。**正答率が上がるのは言うまでもありません。


　では最後に、要約読みで問題を解いてみましょう。形式段落をふっておきます。

①文を書いていると、持つ手に推進力のようなものが出てきて、少しずつだが文と言葉がつながり、話の筋道が見えてきます。Ａを書いているうちに自然とＢへつながり、ＢからＣが派生します。主張したいことが新たに浮かび、先ほどの主張と組み合わさってきます。そんなことをくり返しながら最後までいきましょう。つたない表現だとか、もっと的確な言い回しはないかと感じつつも書ききりましょう。とりあえずは終わってしまえば安心。落ち着いた気持ちで全体をゆっくりと読みかえして訂正、修正ができます。いわゆる推敲ですね。

②まずは構成を見わたします。段落のつながりは適切か。この部分は前へ、あるいは後へ持ってきた方がわかりやすいのではないか。もっと細かに記すべき部分はないか。逆に余分な部分はないか。という作業に取り組みます。

③次に言葉を適切な形に直しましょう。国語辞典を引きつつ、博識な者が近くにいれば知恵を貸してもらいながら、その場にふさわしいものにします。その際、

新しい考えが浮かんだら取り入れつつ完成に近づけます。この作業に手を抜いてはいけません。自分の考えを形にするための訓練となります。

④最後に文章を音読しましょう。考えがまとまっていない部分がわかります。頭の中がぼんやりしているところは読むときっとひっかかります。これを直すことで自分の考えも明確になりますし、音読で文章のリズムもわかります。さらに、長すぎる表現や語句の重複も発見でき、これらを修正することでテンポもよくなります。

問題　傍線部「推敲」の手順を、40字以内で説明しなさい。

段落②～④に、推敲の具体的手順が書かれています。大事な部分を線引きし、段落ごとに要約してみると、

②まずは構成を見わたします。段落のつながりは適切か。この部分は前へ、あるいは

後へ持ってきた方がわかりやすいのではないか。もっと細かに記すべき部分はないか。逆に余分な部分はないか。という作業に取り組みます。

【要約】**まずは文の構成を見わたす。**

③次に言葉を適切な形に直しましょう。国語辞典を引きつつ、博識な者が近くにいれば知恵を貸してもらいながら、その場にふさわしいものにします。その際、新しい考えが浮かんだら取り入れつつ完成に近づけます。この作業に手を抜いてはいけません。自分の考えを形にするための訓練となります。

【要約】**次に言葉を適切な形に直し、完成に近づける。この作業には手を抜かない。**

④最後に文章を音読しましょう。考えがまとまっていない部分がわかります。頭の中がぼんやりしているところは読むときっとひっかかります。これを直すことで自分

の考えも明確になりますし、音読で文章のリズムもわかります。さらに、長すぎる表現や語句の重複も発見でき、これらを修正することでテンポもよくなります。

【要約】**最後に音読する。考えが明確になり文章のリズムがわかる。**

問題は「『推敲』の手順を説明せよ」なので、

・まずは文の構成を見わたす。(13字)
・次に言葉を適切な形に直し、完成に近づける。(21字)
・最後に音読する。(8字)

繋げると、

まずは文の構成を見わたし、言葉を適切な形に直して完成に近づけ、最後に音読する。(39字)

これがそのまま設問に対する答えになりますね。

■解答例■

まずは文の構成を見わたし、言葉を適切な形に直して完成に近づけ、最後に音読する。（39字）

要約作業が安定してきたら、もう大丈夫。**間違いなく読解も安定します。**その後は、要所への線引き、接続詞にマルをつける、などを行うだけで文章を正しく読み取れるようになります。

この読解法は派手さはありませんが、**「王道」**だと自信を持っておすすめします。**国語の点数が上がるだけではなく、あらゆる物事の理解が高まる、いわば一生役立つ力**ですので、ぜひ取り組んでください。

自分で長文読解問題を作る

生徒の読解力を高めるのは私の仕事ですが、彼らを鍛えるにあたって、まずは私自身の読解力が高くないといけません。そのためにこちらも日々トレーニングを行っています。具体的に何をしているかというと、先ほど紹介した「要約トレーニング」と、今から紹介する**「作問トレーニング」**です。これは、その名の通り、評論なり小説なりの素材文を選び、問題を作成するトレーニング。

問題を自ら作成した方はご存じでしょうが、これを行うにはまず素材文を隅から隅まで読み込まないといけません。そして、要点、漠然とした部分、指示語、接続語、内容の重複など、問題のネタになりそうな箇所を見つけて考察します。

まずはお手本として彼らの前で問題を作る手順を解説し、問題例をあげた後に取り組ませます。このトレーニングの効能のひとつは、**文を一生懸命読み込むようになること。**そうでないと問題も浮かびませんからね。

作問トレーニングの際は、

①「説明せよ」の記述問題

②「最も適しているものを選べ」の記号選択問題

を必ず作成させます。空欄補充問題や、段落を正しく並べかえさせる整序問題は、ほどほどにします。**これらは読解力を試すというよりは、時間がかかる類のものであり、良問ではないからです。**

①の記述問題を作るのは意外と簡単です。第一段階の「文を一生懸命読み込む」ことができれば、自ずと要点は見つかるので、その部分に線を引いて「説明せよ」とすれば二問くらいはすぐにできるでしょう。

子どもたちにとって難しいのは②の記号選択問題の作成。たとえば選択肢が五つあったとしたら、一つは正解の記述を書き、あとの四つは「正解そうに見える」嘘の記述を書かないといけません。それらしい文章を自分の手で五つ書くのですから、相当頭を使います。手抜きの選択肢は作れません。私が目ざとく発見し、やり直しを命じるからです。

普段、「記述よりも記号問題の方が楽だ。だって何となく当たりそうだから」なんて思っている子はここで苦しみます。この**記号選択問題の作成による大きな効果は「記号選択問題の正解率が上昇する」「記述問題にも強くなる」**です。

では、例題で説明しましょう。

井上靖『あすなろ物語』

（それまでのあらすじ）

鮎太は中学生で、寺に住み込んで学校に通っています。その寺の住職の一人娘である雪枝は、佐伯という二十二、三の学生に交際を迫られていました。彼は有名な不良でしたが、鮎太は決意し、彼を呼び出します。その続きの場面。

鮎太が砂に腰をおろして五分ほどすると、佐伯という学生がやってきた。かれはゆっくり近よってきて、鮎太の顔をのぞきこむようにすると、

「きみか。」

といった。鮎太は、ひとこともしゃべらず、いきなり相手のからだに飛びかかっていった。さいしょの手ぬぐいにむすんだ石が相手の顔にあたった。あとはやたらにふりまわしたが、いつか手もとからどこかに飛んでしまった。

それといっしょに、鮎太は砂の上にたたきつけられた。おきあがっていった。またたたきつけられた。またおきあがった。おきあがるたびに、鮎太は手に石をもっていた。なんかい砂をなめさせられたかわからない。それでも、そのたびに、かれは石をにぎって立ちあがっていった。

もっと、もっと、まだ、まだ！

雪枝の声が、ときどきしんとした頭の中で、波の音にまじって聞こえていた。

鮎太はなかば意識をうしなっている頭の中で、相手がにげようとしているのを感じていた。なぐられながらも、おさえつけられながらも、鮎太はそんなものを

相手に感じていた。

乱闘はさいげんなくつづいたようだった。

もっと、もっと、まだ、まだ！

雪枝の声がたえず耳もとで聞こえていたが、鮎太はおきあがれなかった。しかし、気絶はしていなかった。波の音も聞こえたし、高い空にいくつかの星も見えた。

こちらがたおれたのに、相手がかかってこないところを見ると、相手は鮎太の執拗さをぶきみにでも思ってにげてしまったのかもしれなかった。いずれにせよ、相手が鮎太からにげだしたことは事実であった。

鮎太はねむったように思った。はっとして目をさましてみると、雪枝の白い顔がすぐ自分の顔の上にあった。ほんとうの雪枝の顔であった。

「気の弱いくせに、なんてことをするの。まったく気ちがいざたよ、あんた。」

ことばはとがめだての口調をもっていたが、

「ああ、苦労するわ。これだから、心配になって、わたし、お嫁にいけないじゃあない。」

その雪枝の声はかぎりなくやさしく、鮎太の心にしみこんできた。鮎太はたおれていながら、心がみちたりているのを感じていた。いままでにあじわったことのない充実感だった。

「おきれる？」

「だいじょうぶさ。でも、しばらくこうしていたいな。」

鮎太はいった。

「頭はだいじょうぶでしょうね。英語のリーダーの暗唱、復習してごらん。」

（※傍線は筆者による）

問題　傍線部「雪枝の声はかぎりなくやさしく」とあるが、「かぎりなくやさし」かった理由としてもっとも適当なものを次から一つ選び、記号で答えよ。

（ア）鮎太の後先考えない行動に多少腹をたてながらも、それを口にしては気の毒だと思い気づかったから。
（イ）目上の立場から行動をさとしたが、自分のために行動した鮎太の気持ちに、いとおしさを感じたから。
（ウ）感心できる行動とは言えないが、正しいと思って行動した鮎太を責める気持ちにはなれなかったから。
（エ）雪枝は、本当はまだお嫁に行きたくなかったため、鮎太がまた喧嘩したことを好都合だと思ったから。
（オ）よい行動ではないが、鮎太の「しばらくこうしていたい」ほどの充実感を受けとめようと思ったから。

答えは（イ）です。いかがでしたか？
一般的に、選択問題は選択肢の文章内容を前半と後半に分けて作ります。
たとえば（ア）なら、

「鮎太の後先考えない行動に多少腹をたてながらも」↓前半
「それを口にしては気の毒だと思い気づかった」↓後半
　本文内容と合致するかどうかを検証しましょう。
（ア）の前半部「多少腹をたてながら」↓「とがめだての口調」とあるので、本文内容に合いそうに見えるが、「かぎりなくやさしい」にそぐわない。○ではないが、絶対に×とも言えないので△。そして後半部「気の毒」と感じている雪枝の描写はないので×。よって（ア）は「△、×」の構造となり不適。
（イ）は前半部「行動をさとした」↓「なんてことをするの」とあるので○。後半部「いとおしさを感じた」↓「お嫁にいけないじゃあない」「かぎりなくやさしく」に適合するので○。よって（イ）は「○、○」の構造。正解。
　このように、本文内容に根拠があるものは○、全くない、書かれていないものは×、○とは言えないが、×と決めることもできないものは△、と検証していくと、（ウ）は「○、△」、（エ）は「×、×」、（オ）は「○、×」となります。並べると
　（ア）「△、×」

（イ）「○、○」
（ウ）「○、△」
（エ）「×、×」
（オ）「○、×」

すると、「明らかな間違い」が（ア）と（エ）の二つ、「他と比べると間違い」が（オ）、「どちらが正解か迷う」ものが（イ）と（ウ）の二つになりました。これがバランスのよい記号問題の作成法です。

※「（ウ）が明らかな×でないならば、正解は（イ）と（ウ）でもいいんじゃないの？」と疑問に思われる方もいるかもしれませんが、問題には「もっとも適当なもの」を選ぶように指示されているので、答えは（イ）です。

入試では、記号が五つあったらだいたい上記三つに分類されます。ですから、このバランスで記号問題を作成させています。

それらしい文章を書かないといけないので説明力と記述力が鍛えられます。そして

本文を読み込む習慣がつくので読解力も上がります。実際の記号問題を解く際は「前半は○、後半は×だな……」と分析しながら解答するようになります。「この記号の書き方は使える。今度自分も真似してみよう」と楽しみを見出す子もいます。解くだけだった問題を「作る」と、今までとは違った方向に頭を使うので新鮮に感じ、脳へのよい刺激にもなります。

もちろん最初からうまくいく子はそうそういませんが、これをくり返すと**「受け身」の学習姿勢が減り、積極的に文を読むようになります。**私はこれだけでも「問題を作らせる」価値はある、と感じています。できあがった問題は友達同士で解き合います。するとお互いが楽しめるうえに、おかしな問題も発見できます。客観的立場からの指摘を受けて、「もっと質の高い問題を作ろう」と切磋琢磨できればなおよいですね。

この「問題を作成させる」読解法は、かつて入試問題作成に携わっていた頃に思いつきました。これは通常のテストよりはるかに神経を消耗します。まず、いかなる理由であろうとミスは許されません。誤字脱字や文法はもちろん、スペースの間隔やルビの位置まで完璧に仕上げないといけません。同様に模範解答も「その解答」以外の解釈を許す答えがあってはいけません。ですから、本文を長い時間をかけて、暗記できるほどに熟読した上で問題を作成します。プレッシャーに耐えながら、あらゆる角度から徹底分析を行うので**入試問題を仕上げると読解力は誰でも上がります。ええ、誰でも。**ふと**「この過程を生徒にも味わわせれば読解力がつくのになあ」**と同僚にぼやいたときにこの方法が閃きました。取り組ませると、たまに質の高い問題にも出会えるのでこちらも楽しんでいます。

物語文（小説・文学的文章）の読解力を上げる方法

物語文の長文問題を読み解く際に必要なことは何でしょう。おそらく、以下のような点に気をつけなさいと言われたはずです。

- 登場人物を把握し、それぞれの人間関係を理解する
- どのような場面なのか。どういう状況なのか分析する
- 登場人物の心情を押さえる
- 心情を押さえるために、「動作」「会話」「風景」などをチェックする

など。

そのために「登場人物にはマルで囲む」とか、「心情が表現されている描写には必ず線を引いて読む」とか、「状況を追いかける」等を行っている（もしくはそうしな

さいと教えられている）子は多いでしょう。しかし、なかなかうまくいかないと感じる保護者は多いのではないでしょうか？　そこで、**「自分の力で場面の状況と登場人物の心情をつかむ方法」**を紹介します。正解するためのテクニック（選択肢の消去法とか、問われやすいキーワードはこれだ、といったもの）ではなく、正しい小説読解力を身につけるための実践法です。

※そもそも、長文読解ができない子は、解法云々の前に「文を読めて」いません。読めていない子にいくらわかりやすい解説を施しても意味がないのです。

では、ここで心情把握の典型的問題に取り組んでみましょう。梨木香歩さんの『渡りの一日』から。

（それまでのあらすじ）
主人公は、まいという少女。友達のショウコとともに、あやさんの運転するダンプカーに乗り、自宅へ向かいます。まいは「なぜダンプの運転手になったんですか?」とあやさんに質問しました。

「そう?　ただ、好きだったのよ。藤沢君は、サッカーが好きだから、サッカーをする。それと同じ。私は小さいときから、大きい車にあこがれていたの。小山を動かしているような気にならない?　ダンプの運転手になりたくて、そのためにずっとがんばってきたの」

「へえ」

確かに、こうやって高いところから他の車を見降ろしながら悠々と運転するのは気持ちよさそうだった。あやさんの運転している姿には、誇りとすがすがしさがあった。

「でも、大変じゃないですか」

「そりゃあ、いろいろあるわよ。でも、いろんなトラブルを一つ一つ解決していくのって何ともいえない快感よ。自分の人生を自分の力で切りひらいていってるって実感があるわ」

あやさんの運転は、堂々としていて、しかも思いやりがあった。必要以上に前の車に接近して威圧感を与えることもなく、変に遠慮して車線変更をためらうこともなかった。流れに入れないで困っている車には、スピードを緩めて早く入るように合図した。

ああ、いろんな女の人がいる、と、まいは思った。まいのママのように、仕事が大好きで、あまり家事の好きでないタイプ。それから、ショウコの母親の順子さんのようにどっしりと家庭を営んでいくタイプ。皆口には出さないけれど、それぞれの幸福があり、また不幸もあるのだろう。でも、あやさんの場合は、何というか、鮮やかだった。

「いいなあ、そういうの」

ショウコが珍しく好意的な感想を漏らした。

「ことは、とても単純《シンプル》よ。好きなこと、やりたいことを仕事にする」

あやさんは言いきった。

……ああ、かっこいい……

ショウコとまいは同時にそう思った。

（※傍線は筆者による）

問題　傍線部について、まいとショウコが「……ああ、かっこいい……」と思ったのはなぜですか。その理由として最も適当なものを次から一つ選び、記号で答えなさい。

（ア）何の迷いもなく自らの信念を語るあやの輝かしい姿に、あこがれたから。
（イ）自分たちと同様に苦悩するあやの等身大の姿に、親しみを感じたから。
（ウ）迷いながらも前に進もうとするあやの意欲的な姿に、魅了されたから。
（エ）弱みを見せようとしないあやの頼もしい姿に、安心感を持ったから。

さて、答えは何でしょう?

正解は(ア)「何の迷いもなく自らの信念を語るあやの輝かしい姿に、あこがれたから」です。

「問題の答えは文中にある。だから本文をしっかり読みなさい」は、よく聞くアドバイス。しかしこの文には(ア)にある「迷いもなく」「輝かしい姿」「あこがれた」は書かれていません。では、なぜこれが正解なのでしょうか。

解説しましょう。

「輝かしい姿」は、「あやさんの場合は、何というか、鮮やかだった」が根拠。まいから見て**「鮮やか」に感じたあやさんの姿が、「輝かしい」に言い換えられているのですね。**

「何の迷いもなく」と「あこがれた」も同様に、まいとショウコの文中の言動を分析していくと正解の理由がわかってきます。

- 「ダンプの運転手になりたくて、そのためにずっとがんばってきたの」

「へえ」

↓**「へえ」に、感心の気持ちが表れている**

•「あやさんの運転は、堂々としていて、しかも思いやりがあった」

↓**感心の気持ちが継続**

•「そりゃあ、いろいろあるわよ。でも、いろんなトラブルを一つ一つ解決していくのって何ともいえない快感よ。自分の人生を自分の力で切りひらいていってるって実感があるわ」

「いいなあ、そういうの」

ショウコが珍しく好意的な感想を漏らした。

↓**「好意的」と書かれている。あやさんに好意的な気持ちを持っている**

•「ことは、とても単純よ。好きなこと、やりたいことを仕事にする」

あやさんは言いきった。

↓**言いきる⬇「迷いがない」の根拠**

•……ああ、かっこいい……

ショウコとまいは同時にそう思った。
↓感心、好意、と心情が動いた後、自分の信念を「言いきる」姿に「……ああ、かっこいい……」と、**尊敬・あこがれの気持ちが生じている⬇「あこがれた」の根拠**

このように、（ア）はすべて本文の描写を根拠としています。勝手気ままに作られた言葉ではありません。ですから正解。では、このような文学的文章を、子どもにどう読ませればよいのでしょうか？

結論としては**「状況を分析し、ところどころの描写を心情に言い換え、つなげて」読む。**

常にこれを行い、正しい読解を続けていくのが理想。そうすれば心情説明の正解率は上がります。しかし、これを身につけさせようにも、やっかいな問題が残ります。それは**この読解は子どもにとって面倒くさいので、積極的に取り組みたがらないし、読解したかどうかの「証明」もありません。手抜きもできます。**しかし、描写を分析し、心情を把握しながら読むのは小説読解の基本中の基本。この問題を乗り越えていかねばなりません。

評論（説明文／論説文）の場合は、要約作業を行えば正しい読解ができます。しかし、小説の場合は内容を要約しても、心情に「言い換える」作業を行わないので、大切なポイントを見逃す可能性があります。

この問題をクリアするにはどんな方法がよいかな、といろいろ試行錯誤しました。そして、一番効果があったのが、今から紹介する**「あらすじゲーム」**です。これは、問題文のあらすじを１００字〜２００字ぐらいで書くという作業。制限字数は状況に応じて変えていきます。問題文が１０００字なら、だいたい１００字程度。一〇分の一くらいがよいでしょう。ただし、この「あらすじゲーム」には、三つのルールがあります。

①話を読んでいない人にも、状況がわかるように書く

↓場面の状況を追いかける

②文中に書かれている心情表現があれば、必ずひとつは記す

↓気持ちを追いかける

③文中の行動・会話などから、登場人物の心情を推測し、自分の言葉で軽く説明する

↓気持ちを深く追いかける

※②③を書くために、心情をにおわす表現には線を引く（重要）

その他、会話文はまとめる（あるいは省略）、文体は常体がよい、などもありますが、まずは③を絶対の条件とします。このゲームの最も重要な狙いが隠されているからです。**あくまで「ゲーム」と捉えて、最初のうちは楽しむ感覚で行いましょう。**慣れた後にレベルを上げていけばいいのです。では、やってみましょう。

四、五時間ねむると、わたしは便所へいきたくなるのでした。

むかしのいなかの家は、どこの家でも、便所が外にありました。雨戸をあけて、縁側づたいに、外へいかなければなりません。そうでなくても、夜はこわいのに、そのうえ、ランプを持って、外へいくのですから、とてもひとりではいけません。だもので、

「おかあさん、おかあさん。」

と、おかあさんをゆすって起こします。

「お便所なら、おかあさんがここで見ていてあげるから、ひとりでいきなさい。」

いつでもおかあさんはこうなのです。そして、ランプに火をつけてくれます。

「こわいなあ――。」

そういいいい、わたしはひとりで戸をあけて、ひとりで外便所へいくのでしたが、しかし、その戸をあけるときのこわさといったら、そこからどろぼうのはいる夢をたびたび見るほどでした。

（坪田譲治『明治の夜』より）

初めて取り組むときは、一通り読ませた後に発問します。

「誰が、何をする話？」

「『わたし』がトイレに行く話です」

「トイレに行くときに『わたし』はどんな気持ちになった？」

「こわいって、思いました」

「そうだね。お母さんはそんな『わたし』に何て言った？」

「『一人でいきなさい』って言いました」

「そう。そして『わたし』はトイレ行ったね。そのときどんな気持ちだったのだろうね（とさりげなく言う）。じゃ、100字以内でお話をまとめてみて」

この後、一〇～一五分程度であらすじを書かせます（状況次第で調整）。

解答例

四、五時間ねむるとわたしは便所へ行きたくなる。便所は外にあり、夜はこわいのでお母さんを起こすものの、ひとりで行くよう促される。仕方なくわたしはひとりで行くが、そのこわさはたびたびゆめに見るほどだった。（１００字）

※ゴシック体が文中に書かれている心情表現

※傍線部付きゴシック体が文中に直接的に書かれていないものの、行動・会話などから明らかにそれとわかる心情や状況

ひらがなを漢字に変換するのは認めます（わたし→私など）。制限字数をこえたら不要部分を削っていきましょう。

では、上記のあらすじに、先述した①～③の条件を満たしているか検証しましょう。

①→「『わたし』が夜にトイレに行くときこわかった話」なのでＯＫ

②→「こわい」という表現があるのでＯＫ

③↓状況から「仕方なく」というオリジナルの表現があるのでOK

もう一度言いますが、この特訓は③を意識させるのが大事です。これが書けていたら少しずれていても評価してください。これを記すと、物語文の問題でよく見かける「このときの○○の気持ちを30字以内で書きなさい」という問いの正答率が上がります。

このあらすじゲームに取り組むと、「文章を正しく読解・分析ができる」ようになり、物語文を自分で好き勝手に読まなくなります。私はある程度クオリティのあるあらすじが書けていないと、設問には取り組ませません。文を**適当に読んで解いても読解力はつかないからです。**とはいえ、この作業はあまり子どもを追い詰めず、楽しみつつゲーム感覚でやる方が飽きずに長続きするでしょう。

では、もう一問。

「こんなに食べる所があるよ、おまえさん！　そういえば、おひるはまだだったね。」

　ともばあさんは、目をまるくしてさけびました。

「見てごらんよ。これがパイだと。おいしそうじゃないか。」

　ともばあさんは、さっそく、近くのショーケースの中にかざってあるピザ・パイを指さしながら言いました。

「食べてみようよ、おまえさん。」

「わしゃ、麦飯にたくあん、みそしるが、いちばんいい。」

　まつじいさんは、ふきげんそうに言いました。

「まあいいから、入ってみようよ、ね。」

　ともばあさんは、まつじいさんのうでをひっぱって、店の中に入っていきました。

　いらっしゃいませ、おくへどうぞ、さあおかけください、おしぼりお持ちいたしましょうか、何にいたしましょう……と、つづけざまに言われて、まつじいさんもあきらめて、パイを食べることになりました。

赤いソースとチーズがこんがり焼けて、焼きたてパイの熱いゆげが、まつじいさんの顔にかかりました。

（悪くないな……。）

まつじいさんは、ゆげのにおいをかぎながら思いました。そして、おそるおそる、ナイフとフォークを手に取ると、今まで一度も食べたことのない、その焼きたてパイをひと口、口に入れてみました。

（うまい……。）

と、まつじいさんは、心の中でさけびました。

麦飯とたくあんと、みそしるばかり食べてきた、まつじいさんは、いっぺんに、そのふしぎな味にとりつかれてしまいました。

（この世に、こんな味もあったのかい……。）

（わたりむつこ『ピザ・パイの歌』より　※傍線は筆者による）

問題「あらすじゲーム」のルールに基づいて、このお話を１００字程度でまとめなさい。条件③を満たすために、傍線部〈（うまい……。）と、まつじいさんは、心の中でさけびました。〉にあるまつじいさんの心情を、自分の言葉で軽く説明すること。

※慣れるまで苦労する子がいるので、③の条件は最初だけ手引きしてあげます。

まずは「心情をにおわす表現には線を引く」にしたがい、線引きを行います。

＊

「こんなに食べる所があるよ、おまえさん！　そういえば、おひるはまだだったね。」

ともばあさんは、目をまるくしてさけびました。

「見てごらんよ。これがパイだと。おいしそうじゃないか。」

ともばあさんは、さっそく、近くのショーケースの中にかざってあるピザ・パイを指さしながら言いました。

「食べてみようよ、おまえさん。」

「わしゃ、麦飯にたくあん、みそしるが、いちばんいい。」

まつじいさんは、ふきげんそうに言いました。

「まあいいから、入ってみようよ、ね。」

ともばあさんは、まつじいさんのうでをひっぱって、店の中に入っていきました。

いらっしゃいませ、おくへどうぞ、さあおかけください、おしぼりお持ちいたしましょうか、何にいたしましょう……と、つづけざまに言われて、まつじいさんもあきらめて、パイを食べることになりました。

赤いソースとチーズがこんがり焼けて、焼きたてパイの熱いゆげが、まつじいさんの顔にかかりました。

(悪くないな……。)

まつじいさんは、ゆげのにおいをかぎながら思いました。そして、おそるおそる、ナイフとフォークを手に取ると、今まで一度も食べたことのない、その焼きたてパイをひと口、口に入れてみました。

（うまい……。）

と、まつじいさんは、心の中でさけびました。

麦飯とたくあんと、みそしるばかり食べてきた、まつじいさんは、いっぺんに、そのふしぎな味にとりつかれてしまいました。

（この世に、こんな味もあったのかい……。）

＊

どこまで線を引くかは、最初は判断が難しいかもしれませんが、あまり神経質にならずやってみましょう。「これは心の動きがあるな」と感じた部分を外さなければいいでしょう。この話の場合、後半部に動きがあることがわかりますね。**線引きをすると、心情把握が楽になります。**

次に、条件①「話を読んでいない人にも、状況がわかるように書く」を意識しましょう。これは「まつじいさんがともばあさんにパイを食べさせられ、『うまい』と心の中でさけんだ話」だとわかります。

条件②「文中に書かれている心情表現があれば、必ずひとつは記す」は簡単。「ふきげんそう」「あきらめて」などがありますね。

条件③「文中の行動・会話などから、登場人物の心情を推測し、自分の言葉で軽く説明する」については、「(うまい……。)と、まつじいさんは、心の中でさけびました」を考えてみましょう。

- うまい、と心の中でさけぶ

これはどんな心情に言い換えることができるのでしょうか？　さらに、この後にも、

- ふしぎな味にとりつかれてしまいました
- 「この世に、こんな味もあったのかい……」

と続きます。これらも心情につなげて考えましょう。

うまい、と心の中でさけぶ↓味にとりつかれる↓「この世に、こんな味もあったの

かい……」

これらを分析して、「感激」「感動」「興奮」……といった言葉に言い換えることができればそれでよいでしょう。最初のうちだけは、「愉快」「嬉しい」などのずれた言い換えも多少目をつむります。コツがわかってきたら徐々に正確な言葉を選べるようになるので、**まずは「言い換え」にチャレンジしたことを評価しましょう。**

■解答例■

ともばあさんはピザ・パイを食べたいが、麦めしが好きなまつじいさんは**不きげんそう。**しかし、**強引に**店の中に入れられ、**あきらめて**パイを口に入れると「うまい」と**感激**し、そのふしぎな味にとりつかれてしまった。（99字）

※ゴシック体が文中に書かれている心情表現
※傍線部付きゴシック体が文中に直接的に書かれていないものの、行動・会話などから明らかにそれとわかる心情や状況

・「ともばあさんは、まつじいさんのうでをひっぱって、店の中に入っていきました」↓強引

・「（うまい……。）と、まつじいさんは、心の中でさけびました」↓感激

といった具合です。

くり返しますが、条件③「文中の行動・会話などから、登場人物の心情を推測し、自分の言葉で軽く説明する」は少しずれていても評価しましょう。この姿勢が大事です。私の場合、的確な言い換えを含んだあらすじには、**「芸術点！」**と称してかなり高得点を与えます。そうすると子どもはやる気を出して、さらにいいあらすじを書くようになります。あらすじゲームに取り組むと心情把握の記述問題に積極的になり、正解率も上がります。例として、草野たきさんの『ハーフ』から、駒場東邦中学校の入試問題で取り上げられた部分をあらすじにしてみましょう。

（それまでのあらすじ）

「ぼく（宮田真治）」は、犬のヨウコと父さんと一緒に暮らしている。ヨウコが十日前にいなくなり、父さんは会社を休んでさがし続けている。父さんが家を出ているとき、あまり仲のよくない同級生の女の子、三浦がやってきた。

「はい」

だけど、三浦はぶすっとしたまま、ぼくに紙袋《かみぶくろ》をさしだすだけだった。

「なに？」

ぼくはそれをうけとるための手を、さしだす気分にはならなかった。

「はい」

それでも、三浦《みうら》はなにもいわずにぼくにその紙袋《かみぶくろ》をつきだす。ぼくはしかたなく、それをうけとった。うけとったはいいけど、あける気にならない。ぼくたちはしばらく、向かいあってそこに立っていた。三浦はぶすっとしたまま、そこにいる。帰らない。

「バレン……」

なにかいいかけて、ごくりとつばをのんでいる。

「バレンタインデーだから！」

今度は、耳をふさぎたくなるようなどなり声。ぼくがおどろいて三浦を見ると、今度はかすれたような小声になる。

「チョコレート」

「ああ……」

ぼくはやっと納得《なっとく》した。きょうは二月十四日のバレンタインデーだったのだ。

ぼくだって、きょうがバレンタインデーってことはわかっていたし、きょう一日、教室の雰囲気《ふんいき》がそわそわしていたのも感じていた。

だけどぼくには、関係《かんけい》なかった。だれもくれなかったし、だからって、べつにがっかりもしなかった。だいたいそんな気分じゃない。

それに、三浦《みうら》にバレンタインデーは似《に》あわない。三浦が下級生《かきゅうせい》からチョコレートをもらったとかいうなら、納得《なっとく》するけど……。

そこでぼくは、くちびるをぎゅっとかんだ。そうか、と納得する理由を思いついてしまったのだ。三浦がぼくにチョコレートをくれる理由。

「なんで、くれんの？」

ぼくはその紙袋《かみぶくろ》を地面にたたきつけたい気分になった。

「ヨウコがいなくなって、かわいそうに思うから？」

三浦《みうら》がはっとした顔《かお》で、ぼくを見ている。

「それとも、父さんがおかしなやつだっていわれて、かわいそうに思うから？」

理由はそれしか思いつかなかった。三浦がおどろいた顔のまま、ぼくを見つめかえしている。ぼくは負けずににらみかえした。

「好きだからに決まってんじゃん」

三浦がどなりだす。

「なにを？」

ぼくも負けない。

「宮田《みやた》のことに決まってるじゃん」

「はっ?」
ぼくには、なんで三浦がぼくを好きなのか、全然理解《ぜんぜんりかい》できなかった。
(※傍線は筆者による)

問題「あらすじゲーム」のルールに基づいて、このお話を120字程度でまとめなさい。条件③を満たすために、傍線部「そこでぼくは、くちびるをぎゅっとかんだ」行動を、心情に言い換えて説明すること。

では、傍線部後の心の動きを分析しましょう。
- くちびるをかむ、という行動
- 紙袋を地面にたたきつけたい気分

行動を心情に言い換えてみましょう。「悔しさ」「怒り」あたりが出てきたら芸術点をあげてよいと思います。では、なぜそんな心情なのでしょうか?

・「ヨウコがいなくなって、かわいそうに思うから？」理由がありました。「かわいそうに思われること」を言い換えると、どんな言葉になるでしょう？

解答例

三浦が僕に紙袋をさしだした。「バレンタインデーだから」と言うが、きっと僕の状況に同情しての行為だろうと思い、**悔しくて紙袋をたたきつけたい気分になった。**にらんで理由を問うと、「好きだから」と、三浦はどなった。**僕にはそれが全然理解できなかった。**（120字）

※ゴシック体が文中に書かれている心情表現

※傍線部付きゴシック体が文中に直接的に書かれていないものの、行動・会話などから明らかにそれとわかる心情や状況

条件③を満たしていれば、だいたいは正解とします。この場面を引用した駒場東邦中入試では、こんな出題がありました。

問題「そこでぼくは、くちびるをぎゅっとかんだ」とありますが、このときの「ぼく」の気持ちを40字以内で説明しなさい。

正解例

三浦は、ぼくに同情してチョコレートをくれたのだと思い、悔しい気持ちになっている。（40字）

文中には「同情」や「悔しい」も書かれていません。描写を心情に言い換えているのです。あらすじゲームで「言い換え練習」をしていれば、このような心情把握の記述問題が解けますし、問題に楽しく取り組むようになります。もちろん、選択問題にも有効です。自分が言い換えた心情表現が選択肢にあると、子どもは喜びます。

こう書くとあらすじゲームを、魔法のような読解法に感じる方がいるかもしれません。しかし、この作業は決して楽ではないと付け加えておきます。まず、文章をあらゆる角度から自分の力で読み込まねばなりません。さらに、それを自分の手を動かして文章として再構築しなくてはならないので、相当に頭を使います。問題文と自分の頭が取っ組み合っている感覚。

しかし、完成させたときの満足感は想像以上。一生懸命に取り組んだ分だけ、充実感は大きいのです。**本文を全体的かつ細部まで読み込むので、子ども自身も「読解した」と体で感じます。**

この満足感を味わった子は、どんどんあらすじゲームに取り組むし、問題の正解率は上がります。

物語文の読解力が上がる「あらすじゲーム」
――中級以上の問題

先程のあらすじゲームは初級編（入試問題をのぞく）でした。興味のある方はこれ以降の中級〜達人級問題でお楽しみください。どれもこれも難度は高め。特に「達人級」は専門家でも手こずるかもしれませんよ。

問題「あらすじゲーム」のルールに基づいて、それぞれのお話を１００字程度でまとめなさい。

（ルール）

①話を読んでいない人にも、状況がわかるように書く

②文中に書かれている心情表現があれば、必ずひとつは記す
③文中の行動・会話などから、登場人物の心情を推測し、自分の言葉で軽く説明する
④②と③を書くために、心情をにおわす表現には線を引く

中級

『やまびこのうた』笹山久三

（それまでのあらすじ）
テツオ――小学五年生の男の子
サチ――テツオの幼なじみ。小学三年生の女の子

テツオ、サチとその兄とで川に来た。川の淵を泳いで渡ることが村に住んでいる子供たちの通過儀礼になっているが、テツオにはその勇気がまだなく、洋一と茂にそれを冷やかされる。その後の場面。

「今日は、渡ろう。お前は、ひょっとしたら、ほんとうは、茂や洋一より泳げるかもしれん。見てみろ、あいつらの泳ぎを……」

（中略）

「浮輪《うきわ》をもって横を泳いでやるから……」

兄やんは、もう泳ぎだしたみんなを気づかいながらも、テツオをさとしている。サチは、自分が渡ればテツオもふんぎりがつくのかもしれないと思ってみた。兄やんにかばわれてばかりだったテツオは、ずっと小さいころから、何をやるのもサチといっしょだった。水に顔をつけられるようになったのも、泳げるようになったのも、テツオと競ったからだった。サチは、水の中に入って、ここを泳ぎ渡る想像をしてみた。足のうらがモゾッとなって、考えることのぜんぶが悪い想像になった。（中略）テツオの目がサチの方に流れてきて、目線が合った。

「おれ、やってみる」

テツオは、サチに向かってそう言った。サチは小さくうなずいて、それにこたえた。ほんとうは、自分も渡るからいっしょに渡ろうと言ってやりたかった。その勇気が、サチには出せなかった。兄やんは、ケンチンのもってきた浮輪を借りてきて、テツオをうながした。テツオは、くちびるを真一文字《まいちもんじ》にむすび、対岸をじっと見すえながら水に入っていった。

「みんな見てろ。テツオが、今日は渡るぞ」

兄やんは、十人ほどの仲間に向かって言うと、テツオをさそった。みんなの目がテツオに集まり、テツオが川床を蹴って泳ぎだした。

「テッちゃんがんばれ！」

「がんばってー！」

まだ泳ぎ渡れない小さいものたちは声をあげ、すでに、この淵を泳ぎ渡っているものたちは、テツオのうしろに続いた。

だんだん遠くなっていくテツオらを見ているうちに、サチは取り残されていくようなさびしさを感じた。

（中略）

そのとき、近くで歓声があがり、少しおくれて対岸の方から歓声が聞こえた。見れば、テツオが岸に立って大きく手をふっていた。サチも手をふってこたえたあと、対岸に向かって泳ぎだした。

解答例

今日こそ川の淵まで渡ろう、とテツオを促す兄やん。サチに目線を合わせた後、テツオは決心し泳ぎ渡った。小さい頃からいつも一緒に競い合ったサチは、取り残された寂しさを感じるが、達成を喜ぶテツオに手を振った。（テツオを祝福した）

（１００字）

※ゴシック体が文中に書かれている心情表現
※傍線部付きゴシック体が文中に直接的に書かれていないものの、行動・会話などから明らかにそれとわかる心情や状況

〈採点基準〉

①テツオが川の淵まで渡りきった話と記せている（状況）
②テツオの決心を記していること（心情）
③それを見守るサチの心情が描かれていること（心情）
•テツオは決心し
↓「テツオは、くちびるを真一文字にむすび、対岸をじっと見すえながら水に入っていった」
•サチは取り残されていくような寂しさを感じた
↓「だんだん遠くなっていくテツオを見ているうちに、サチは取り残されていくようなさびしさを感じた」

• 達成を喜ぶテツオに手を振った（テツオを祝福した）
↓「テツオが岸に立って大きく手をふっていた。サチも手をふってこたえた」

上級

『あすなろ物語』（井上靖）

（それまでのあらすじ）
佐伯の手紙を渡すと、雪枝の表情は曇った。彼女は何らかの事情で弱みがあり、嫌ながら返答できずに憂えていた。私が男なら殴ってやる、との言葉を受け、鮎太は雪枝のために捨て身の覚悟で佐伯と喧嘩する決心をした。

鮎太が砂に腰をおろして五分ほどすると、佐伯という学生がやってきた。かれ

はゆっくり近よってきて、鮎太の顔をのぞきこむようにすると、

「きみか。」

といった。鮎太は、ひとこともしゃべらず、いきなり相手のからだに飛びかかっていった。さいしょの手ぬぐいにむすんだ石が相手の顔にあたった。あとはやたらにふりまわしたが、いつか手もとからどこかに飛んでしまった。

それといっしょに、鮎太は砂の上にたたきつけられた。おきあがっていった。またたたきつけられた。またおきあがった。おきあがるたびに、鮎太は手に石をもっていた。なんかい砂をなめさせられたかわからない。それでも、そのたびに、かれは石をにぎって立ちあがっていった。

もっと、もっと、まだ、まだ！

雪枝の声が、ときどきしんとした頭の中で、波の音にまじって聞こえていた。

鮎太はなかば意識をうしなっている頭の中で、相手がにげようとしているのを感じていた。なぐられながらも、おさえつけられながらも、鮎太はそんなものを相手に感じていた。

乱闘はさいげんなくつづいたようだった。

もっと、もっと、まだ、まだ！

雪枝の声がたえず耳もとで聞こえていたが、鮎太はおきあがれなかった。しかし、気絶はしていなかった。波の音も聞こえたし、高い空にいくつかの星も見えた。

こちらがたおれたのに、相手がかかってこないところを見ると、相手は鮎太の執拗さをぶきみにでも思ってにげてしまったのかもしれなかった。いずれにせよ、相手が鮎太からにげだしたことは事実であった。

鮎太はねむったように思った。はっとして目をさましてみると、雪枝の白い顔がすぐ自分の顔の上にあった。ほんとうの雪枝の顔であった。

「気の弱いくせに、なんてことをするの。まったく気ちがいざたよ、あんた。」

ことばはとがめだての口調をもっていたが、

「ああ、苦労するわ。これだから、心配になって、わたし、お嫁にいけないじゃあない。」

その雪枝の声はかぎりなくやさしく、鮎太の心にしみこんできた。

鮎太はたおれていながら、心がみちたりているのを感じていた。いままでにあじわったことのない充実感だった。

「おきれる？」

「だいじょうぶさ。でも、しばらくこうしていたいな。」

鮎太はいった。

「頭はだいじょうぶでしょうね。英語のリーダーの暗唱、復習してごらん。」

解答例

鮎太は何度倒されても自らを鼓舞し、執拗に立ち向かっているうちに佐伯は逃げていた。雪枝は鮎太の行動を咎めるも、声は愛おしさから限りなく優しく、それは鮎太の心にしみ込んだ。味わったことのない充実感だった。（１００字）

※ゴシック体が文中に書かれている心情表現
※傍線部付きゴシック体が文中に直接的に書かれていないものの、行動・会話などから明らかにそれとわかる心情や状況

前半部の鮎太と佐伯の乱闘シーンは軽めに記さないと100字はすぐにオーバーします。しかし、鮎太が、雪枝の声で自分を奮い立たせている姿もふれないといけません。

〈採点基準〉

①鮎太が佐伯を追い払い、雪枝が優しかったこと（状況）
②鮎太に対する雪枝の言動（心情）
③雪枝の「限りなく優しい」声を聞いた鮎太の気持ち（心情）

これは多少ずれていても評価しましょう。難問でした。

達人級

『暗夜行路』　志賀直哉

（それまでのあらすじ）

私が挨拶に行くと、父は機嫌がよく、不意に「角力《すもう》をとろう」と言った。私は喜び、自分の強さを父に感服させたい一心で、立ち向かったが、父は私の甘い期待に反してなかなか負けてくれなかった。

「これなら、どうだ」こういって父は力を入れて突返した。力一ぱいにぶつかって行った所にはずみを食って、私は仰向《あおむ》け様に引っくりかえった。一寸息が止まる位背中を打った。私は少しむきになった。而《そ》して起きかえると、尚勢込んで立向かったが、その時私の眼に映った父は今までの父とは、もう変って感じられた。

「勝負はついたよ」父は亢奮した妙な笑声《わらいごえ》で云った。

「未だだ」と私は云った。

「よし。それなら降参と云うまでやるか」

「降参するものか」

間もなく私は父の膝の下に組敷かれて了った。

「これでもか」父はおさえている手で私の身体をゆす振った。私は黙っていた。

「よし。それならこうしてやる」父は私の帯を解いて、私の両の手を後手《うしろで》に縛って了った。そしてその余った端で両方の足首を縛合わせて了った。私は動けなくなった。

「降参と云ったら解いてやる」

私は全く親《したし》みを失った冷たい眼で父の顔を見た。父は不意の烈しい運動から青味を帯びた一種殺気立った顔つきをしていた。そして父は私をその儘にして机の方に向いて了った。

私は急に父が憎らしくなった。息を切って、深い呼吸をしている、父の幅広い肩が見るからに憎々しかった。その内、それを見つめていた視線の焦点がぼやけて来ると、私はとうとう我慢しきれなくなって、不意に烈しく泣き出した。

父は驚いて振り向いた。

「何だ、泣かなくてもいい。解いて下さいと言えばいいじゃないか。馬鹿な奴だ」

解かれても、未だ私は、なき止《や》める事が出来なかった。

「そんな事で泣く奴があるか。もうよしよし。彼方《あっち》へ行って何かお菓子でも貰え。さあ早く」こう云って父は其処にころがっている私を立たせた。

私は余りに明ら様な悪意を持った事が羞《はず》かしくなった。然し何処《どこ》かに未だ父を信じない気持が私には残っていた。

■解答例■

父は**興奮**し、本気で私を降参させようと殺気立った。縛られた私は父への親しみを失い、**憎らしくて**号泣する。驚いた父は、親らしく私をなだめた。悪意を態度に表**した自分を恥じたが、まだ拭いきれない不信感**が残った。（１００字）

※ゴシック体が文中に書かれている心情表現

※傍線部付きゴシック体が文中に直接的に書かれていないものの、行動・会話などから明らかにそれとわかる心情や状況

〈**採点基準**〉

①父と子の確執が記せているか（状況）

②子の、父への払拭できない不信感（心情）

緻密かつ簡潔な文体。もはやここの描写自体が優れた要約文です。さすが大文豪、

志賀直哉ぞ。まとめるのは相当に難しかったでしょう。心情展開を丁寧に追い、この場面に記されているテーマを見抜きましょう。といっても、ここまでできたら国立大学の二次試験レベルですが。

「あらすじゲーム」は、もちろん私も取り組んでいます。**頭のトレーニングになるので大人にもおすすめですよ。**小説を、自然と深く読解できるようになりますし、作品世界もいっそう楽しめます。みなさんもぜひチャレンジしてみてください。

子どもの読書について

Q やっぱり読解力をつけるには本を読ませた方がいいのですか?

A はい。しかし、本を読んだからといって読解力がつくとは限りません。

よく聞かれる質問ですが、この質問自体に違和感を覚える指導者も多いのではないでしょうか。「子どもの読書」に対して思うことを記していきますね。あくまで参考程度に。

一応回答を補足するなら、

- 論説文を一生懸命に**精読**する→読解力がつきます
- ライトノベルを**流し読み**する→読解力はつきません

としておきます。

しかし、お子さんからライトノベルを取り上げたり、論説文の読書を強要したりしないでくださいね。自由な読書を妨げてはいけません。

本を「子どもの読解力を上げる手段」と捉える保護者は多いと感じます。しかし、本は先達による知恵の結晶体であり、読書の本質はそこではありません。読書習慣による読解力向上は、副次的な効能であるとお考えください。オマケくらいの感覚でよいでしょう。

本について考えてみましょう。ジャンルは様々にあります。説明文、エッセイ、物語の他にも図鑑やガイドブックも立派な本ですね。どのような本でも、読み手に何かを伝えるために書かれています。それは、自分の経験で知り得た記録であったり、自らが学んできたものの集大成であったり、知恵と知識を駆使して新たな試みにチャレンジしたものであったり、など様々。大げさな言い方をすれば、書き手の「人生の一部を削ったもの」です。

もちろん、そこまでの本でなくとも読書は子どもにとって有意義です。子どもに起こる「いいこと」をまとめながら考えていきましょう。

①使える日本語が増える

本には、子どもが知らない漢字や言い回しが多く出てきます。それらは名詞（例：学校）・動詞（例：走る）・形容詞（例：美しい）といった単語ひとつひとつを切り離したものではなく、助詞（例：を・は）や助動詞（例：られる・ようだ）も含んだ集合体ですので、確かな日本語が覚えられます。

今、文章を構成する「品詞」について書いてみましたが、おそらく普段は意識していないはず。ですが、この文を理解できるなら、それらの品詞を使っているし、身にもついています。正しい文章構成力と語彙力の向上も含め、**読書は子どもの「使える**

日本語」を増やしてくれます。物語であれば、登場人物が聞き慣れない言葉づかい（方言やなまりなど）でしゃべることもあります。それらもすべていい勉強です。

②落ち着きが出る

本を読んだから落ち着きが出てきたのか、それとも落ち着きのある子だから本を読むようになったのか。統計をとったわけではないのですが、本をよく読む子の多くは落ち着きがあります。

子ども向けの物語などは、主人公が困難に耐えたり、思いつきの行動で失敗したり……という感情の動きが細やかに描写されています。そこで仮想体験をした子は感情の幅が生まれ、自制心もゆっくりと養われるのでしょう。

感情の幅といえば、本をよく読む子たちを観察していると、共感や思いやりの心が他の子よりもあることに気付きます。また、何か問題を起こして注意されるようなことがあっても、なぜ注意されたかを説明すると、よく話を聞き、納得もします。

③教養が身につく

子どものうちは好奇心の赴くままたくさんの知識を仕入れさせたいものです。大人から見てくだらない、と感じるようなことでも構いません。子どもの目線を尊重し、できるだけ制限はかけないでください。

「この本よりも、こっちの方がためになるよ」「その本、もう五回も読んでいるの？じゃあ、もういいじゃない」など、親の何気ない一言によって、子どもは自分の行為が否定された気分になります。ですから、**自由な読書にはなるべく口をはさまないでくださいね。**

私はなぜか「海の危険な生物図鑑」や「猛毒ヘビ図鑑」の類が大好きでした。写真付きの説明があるのでイメージにも残りやすかったです。生き物には、その危険度や毒性の強さに応じて禍々《まがまが》しいドクロマークが描かれていて、妙に魅惑的でしたね。ドクロマークを見ては喜んでいるわけですから、傍から見たら変な子どもだっただろうなあと思います。しかし、両親はそんな私に何も口を出すことなく、好きな本を読ませてくれました。

図鑑で仕入れた知識が今の仕事に役立っているのか？　と問われれば困るのですが、難しい日本語（漢字・文法・要点を簡潔に記す、密度の高い文章）に慣れることができたし、興味を持ったことは何でも知りたい、と思う性格になったので、よしとします。

④イメージする力がつく

絵本や図鑑は置いといて、たいていの本は活字だらけです。ですから、話を理解するためには内容を想像しないといけません。子ども向けの本は、登場人物や背景などの詳細な描写はあまりないので、かえって自由に想像できますし、言葉の語感などから様々に「創造」する楽しさもあります。読書はこういった「想像」「創造」力の手助けをしてくれます。

ただし、これには親・大人の手助けが多少必要かな、とも感じます。たとえば海の情景が本に描かれていたとして、海を見たことがある子とない子では、もちろん見た子の方が細かくイメージすることができますし、思い出の再現にもなります。まわりの大人は、できるかぎり子どもに多くの体験をさせてください。

ところで、「イメージ力がつくように」と頻繁に映画やアニメを見せる保護者もいらっしゃいます。確かに映像のおかげで「イメージ」の引き出しが頭の中に増え、知識にもなりますが、映像による「イメージ」と読書による「イメージ」は、脳の使い方が全く違うのでバランスも大事です。

映像の場合は、登場人物や状況も具体的にわかります。向こうが作った「イメージ」を受け取っているからです。そして、受け身な姿勢でも話が入ってくるので楽です。

読書の場合は映像と異なり、自分の頭の中で話のイメージを広げていきます。活字を媒体として自分なりのイメージを浮かべ、さらにそれをもう一度自分なりに再構築して読み進みます。映像によるイメージとは全く逆ですね。受け身ではなく、積極的に頭を使わないと話が入っていきません。**ここが「読書好きの子」と「読書嫌いの**

子」に分かれるポイントのひとつ。映像につかりきった子どもは、この作業をかなり面倒くさく感じ、本を読まないケースが多いのです。

文字から物事をイメージする作業は映像鑑賞にはありません。だから受け身の子は、読書を「つまらない」「苦痛」と感じてしまいます。**こういった生活にどっぷりと身を置いている子に、読書の楽しさを教えるのはかなり大変です。**大人だって、楽で面白いものに走りますものね。ですから、お子さんが一人で読書できるようになるまでは、保護者がある程度はこれらのものを制限する必要があるでしょう。たとえば「夕食時はテレビを見ない」「ゲームは○○分まで」などの決まり事を設けるとよいでしょう。

ただし、映像を全く見せないなどの極端な行動には出ないでくださいね。私にとっても野球中継が見られなくなったら、この世の終わりです。テレビなどを否定しているわけではなく、バランスが大事だということです。

⑤物事を自分で考えるようになる

本を多く読むようになると、この段階まで到達します。読書によって知識が蓄えられた子は、それを基に目の前で起きている物事を分析し、自分の頭で解説しようとします。多読・精読によって自然に教養がついてきたので（おまけで読解力もついてきます）、子どもはそれを応用して、現実に起きている問題を考えるようになるのです。

この「物事を自分で考えるようになる」は、読書によって起こるいいこと、「使える日本語が増える」「落ち着きが出る」「教養が身につく」「イメージする力がつく」の後に芽生える大きな力です。ここまでくると、子ども自身も**「今までの自分と比べて、ちょっと変わったな」**と、多かれ少なかれ自覚するはず。読書によって視点が一歩進むのです。私は生徒のこの瞬間を見つけるのが好きで、ここをひとつの目標として読書・作文指導をしています。

考えるようになった子どもは、生きていく力が強くなります。あまり読書と勉強を結びつけて語りたくはないのですが、もちろん成績も伸びます。なぜなら、**考えるよ**

うになった子どもは学習していない段階でも常に頭を働かせているからです。考える子どもと考えない子ども。どっちが成長していくかは、語るまでもありませんよね。

最後に、子どもの読書に対する私の希望も交えます。考えるようになった子はそれだけで充分強いのですが、そこをさらに進めて、考えに基づいて行動を起こせるようになってほしいと願います。世の中で起きている現実や、興味のある出来事に大きく目を向け、**読書で培った教養（＝知識）や、自らの経験（＝知恵）に基づいて考え、自分で行動を起こし、未来を自分の手で切り開いていってほしい**のです。

「子どものうちに本を読んで行動しろ」と述べているのではなく、子どもがだんだん成長し、大人になる通過点に読書があり、読書が将来的な行動を起こすきっかけのひとつになればいいいな、と願っています。

未来をよりよいものにする手がかりとして、読書で得た知識は大きな武器になります。子どもが理想の未来を作っていけるように、読書がひとつの方向性を示してくれたら喜ばしいですよね。現実はそんなにうまくいかないかもしれませんが、私は子どもの読書にそれくらいの理想を持っています。

「読解力をつけさせるために、読書はさせた方がいいのですか?」という質問から、ここまで進みました。この段階までくれば、読解力は自ずとついてくるでしょう。しかし、「読書で読解力がつく、というのは副次的なものです。おまけくらいに考えましょう」と答えた私の気持ちもおわかりいただけたかと思います。**読書で、読解する力よりも、人間的にもっと大きな力をつけてほしいのです。**

第3章

作文

「書写」を続けると、作文力がアップします

「書写」は、作文力の向上に効果があります。

「まさか。ただ書き写す行為に意味はあるの？」が反対派の論調。確かに、問題を解いているのでもないし、意味はなさそうですね。しかし、ベテランの先生で、この方法を頭ごなしに否定する方はあまりいません。

なぜでしょうか？

たとえば、教科書に載るような文章は「優れた知恵の足跡」であり、読解問題作成のために書き写していると、言い回しの深さや筆者の息づかいに気付きます。構成はしっかりしているし、言葉の使い方も適切で、よいお手本になるのです。これらを書写すると、語彙・文法・センスのある表現・論理展開力が身につきます。

子どもにとっては、大人の文章は書き写すだけで疑問の宝庫。

「この漢字は何て読むのだろう」

「このことわざはどういう意味だろう」

「どうしてこんなたとえ話を使っているのだろう」

それらを調べながら文の書き方を吸収していけば、書く力が上達します。

こうやって「書写」は文章上達・語彙力増加に有効ですよ、と述べると「では、どんなものを『書写』させたらよいですか？」と聞かれます。

それは、**子どもが興味のあるものや夢中になっているものが一番有効です。**学問から遠くても構いません。好きなものほど、どんどん吸収していきます。

私が子どもの頃に夢中で書写していたのは『プロ野球選手名鑑』。小2の頃には大洋ホエールズ（昔のプロ野球チーム）ファンでしたので、名鑑に書かれた選手名を書写して覚えました。おかしな子どもですね。当時活躍していた「高木」「田代」「若菜」「遠藤」「屋鋪《やしき》」……選手の名を書写。もちろん「ポンセ」選手や、「スーパーカートリオ」といったカタカナもばっちり。「屋鋪」を必死に練習する私を見つけた担任の先生は「なんでこんな漢字を書いているの？」と相当な驚きよう。そりゃそうだ。

このように、夢中になれる書写対象物があればベストですが、そういったものが見当たらない場合は**子ども向けの『図鑑』や『小学生新聞』がよいでしょう。**これらは量が適当で、構成もわかりやすく書かれています。使われている語句も豊富で、作文力・国語力アップにつながります。特に『小学生新聞』の場合は時事テーマを取り扱うので、社会性も身につき、子どもによっては大人の会話に加われる楽しみも芽生えます。

『小学生新聞』とは、その名の通り小学生向けの新聞のこと。難しいニュースもわかりやすく書かれており、大人が読んでもなかなか面白いですよ。すべての漢字にふりがなが付いていますので、誰でも読むことはできますし、わからない言葉は辞書で意味を調べさせながら、好きな記事を書写させています。

書写とは、書き「写す」作業ですから、真似するくらいの姿勢で丁寧に書かせます。
書写ノートを作って見直すと、最初のページとは比べものにならないくらい文字がきれいになっていく子もいます。だんだん慣れてくると作文も嫌がらなくなります。飽きたり、苦痛になったりしないよう、毎日二〇分くらいを目安に取り組んでみてください。個人差はありますが、約二ヶ月程度で効果が出てきますよ。

「てにをは」（助詞）は子どものうちに習得しましょう

昔から、国語力がない人を「『てにをは』がおかしい」と揶揄する言い回しがありますね。誰が考えたのかは知りませんが、実に的を射ています。

「てにをは」とは助詞のこと。たとえば「私は五年生です」の「は」。「ここにコーヒーがある」の「に」「が」。単語同士の関係性を示し、細かな意味を付け加える役割があります。

私は、初めての子を教える際に、会話の中で苦手に感じている部分を聞き出したり、様々な問題に取り組ませたりして国語的な弱点を探ります。中には弱点どころか「どの問題もさっぱり理解できない」という子もいます。そういう子に小作文を取り組ませると、結構な確率で「助詞がおかしな文」を作るのです。

「ぼくは、家と学校を往復した」という内容の文を「ぼくは、家と学校に往復した」。「バス会社が運賃の値上げにふみ切った」を「バス会社が運賃は値上げをふみ切った」といった具合。

本人は何がおかしいか気付いていません。おかしな文だな、と感じましたよね？

助詞の恐ろしいところは、**たった一文字の誤用で文全体を破壊してしまう点**です。正しい日本語を学ぶにあたって、軽視してはいけません。初めて日本語を習う外国人の多くは、この助詞の使い分けに苦労するそうです。英語にも前置詞のような助詞の役割を果たすものはあるのですが、一文字でここまでニュアンスが変わる「てにをは」の区別はなかなか困難とのこと。

さて、正しい助詞を身につけさせるにはどうしたらよいのでしょうか。

結論から言うと、**理屈抜きでくり返し練習し、矯正した方がよいでしょう。**

なぜなら、たとえば「『は』も『が』も、その文節が主語であることを示せるという点では共通だけど、『は』は副助詞で、他と区別したり、強調したり、題目を示したりする。既知の情報に付くことが多い。それに対して『が』は格助詞で、動作や状態の主体を示したり、要求・願望を示したりする。こちらは新情報が付くことが多いんだよ。わかったかい？」と助詞の性質をひとつひとつ解説しても、おそらく子どもには理解できないからです（ひとつひとつ解説できる保護者もそうそういないと思いますが）。ですから、生活の中で正しい使い方を身につけさせましょう。

私は社会人にも文の書き方を教えています。残念ながらそこでも誤った助詞の使い方が散見されます。大人で正しい日本語が身についていないのは困るのですが、あまり指摘される機会がなく、そのまま過ごしてしまったようです。

子どものうちから直しましょう。ぜひ、家庭生活から正しい「てにをは」を習得させてください。

読解力をつけるための作文指導

読解力とは、そのまま「読み解く力」と解釈できます。しかし問題を解く際には、読み解いた内容を、**「誰にでも理解できるように言い換え、説明する力」**も必要です。いわゆる書く力、記述力ですね。当たり前の話ですが、いくら内容を理解したと言い張っても書かなければ正解にはなりません。**正しく読む能力と、正しく書く能力の養成が本当の読解力につながります。**

ですから、読解力をつけたいという要望に応えるために、私は子どもたちに小作文を書かせて「説明する力」「要約する力」「言い換える力」を鍛えています。

何だか難しい話になってしまいました。実践例を紹介しましょう。とある教材にこんな問題がありました。

例題「歩みよる」（意見の違いなどをゆずり合って調整する）という言葉を使って自由に短文を作りましょう。
※以下の言葉を使ってもよい↓（話し合い・ようやく）

こうした短文指導を行うとき、最初は、言葉をつなぎ合わせて作成できれば正解とします。たとえば、「話し合いのすえ、ようやく歩みよる」といった単純なものでも最初だけは○を与えます。しかし、ここで終わってはいけません。「楽（ラク）」は何のためにもならないので、慣れてきたら少しずつ頭への負荷を重くします。

①自分で考えた言葉を付け加えさせる

「次は、自分で考えた言葉を三つプラスして作りなさい」と条件を加えます。するとこんな短文を作りました。

「何度も話し合いを重ね、お互いが歩みよった結果、ようやく問題は解決した」

どんな言葉をプラスするかは状況に応じて変えていきます。「今回は名詞をプラス」「次回は形容詞をプラス」といった具合に変化していくと、文のバリエーションも増えていきます。こうすると手抜きもできませんし、長めの文になるので文法力も鍛えられます。

さて、三つの言葉をプラスしたので最初よりわかりやすくなりましたが、まだまだ輪郭がはっきりしませんね。ということは、その子の思考もまだまだはっきりとしていません。**文は、書き手の頭の中身がそのまま晒されます。**「何度も話し合いを重ね、お互いが歩みよった結果、ようやく問題は解決した」は、まだ細部のイメージがはっきりしていないので、そこを明らかにして説明させてみましょう。

②具体的な言葉を書かせる

「言葉を三つ加えたおかげで、読んでいる人に伝わりやすくなったね」と評価したあと、

- 「何」について話し合ったのか
- 「お互い」とは誰と誰か
- どんな「問題」が解決したのか

を示してごらん、と**具体的な言葉を書かせます。**実際に実在する人物や身のまわりのものなどを入れてもいいよ、と付け加えると子どもは取り組みやすいでしょう。

しばらくするとこんな短文を作りました。

委員長の健二君を中心に、「学習発表会の出し物を何にするか」についてクラスで何度も話し合いを重ねた結果、意見が分かれていた男子と女子もようやく歩みよって協力し合うようになった。

委員長の健二君、学習発表会、クラス、といった具体的な名詞が挿入され、イメージが浮かぶ、読みやすい短文になりましたね。ちなみにこの文は、小学五年のAさんが五分くらい一生懸命考えて作ってくれました。このレベルの文を作り上げるには少々時間がかかります。それは、**「漠然としていて、相手に伝わりにくい文章のもと」を、「明確で、相手に伝わりやすい文章」に変換する作業を脳内で行っているから**です。脳への負荷は相当なものですが、この練習をくり返すとだんだんスピードは上がり、**説明上手になります。**

最後に、もう一つ条件を与えてみましょう。

③接続助詞を加えた文を作らせる

接続助詞とは、前の文節と後の文節をくっつけて、前後の因果関係を示してくれる助詞です（専門的な説明は省略）。たとえば「ば」「と」「ても（でも）」「けれど（けれども）」「が」「のに」「ので」「から」「し」「て（で）」「ながら」「たり（だり）」「ものの」「ところで」、これらを使うと、説明的な短文を作れます。次の文章を読んでください。

体調は悪かった**けれど**、欠席すると他のメンバーに迷惑がかかる**ので**、がんばってミーティングに参加した。

接続助詞「けれど」と「ので」が前後の文章をつなげて、明確でわかりやすい短文になっています。**接続助詞を使うと、因果関係を示した文ができあがるので、「〜を○○字で説明しなさい」といった記述問題の練習にもなります。**

先ほどの「委員長の健二君を中心に、『学習発表会の出し物を何にするか』についてクラスで何度も話し合いを重ねた結果、意見が分かれていた男子と女子もようやく歩みよって協力し合うようになった」は、既に完成された短文ですが、これに接続助詞を付け加えると、

例① 確定の順接「ので」と並立の「し」を使った場合

委員長の健二君を中心に、「学習発表会の出し物を何にするか」についてクラスで何度も話し合いを重ねた結果、意見が分かれていた男子と女子もようやく歩みよって協力し合うようになったので、本番も大成功だったし、男女間の仲も一層よくなった。

例② 確定の逆接「ものの」を使った場合

委員長の健二君を中心に、「学習発表会の出し物を何にするか」についてクラスで何度も話し合いを重ねた結果、意見が分かれていた男子と女子もようやく歩みよって協力し合うようになったものの、本番に間に合うかどうかはまだわからなかった。

因果関係が示された、さらに長い文章になりましたね。小さな作文と言ってもいいでしょう。

接続助詞は下の五つ。

①仮定の順接――「ば」「ど」

②仮定の逆接――「と」「ても（でも）」「ところで」

③確定の順接――「ば」「と」「ので」「から」「て（で）」

④確定の逆接――「ても（でも）」「けれど（けれども）」「が」「のに」「ながら」「ものの」

⑤並立・対比――「ば」（～「も」をともなう）「けれど」「が」「し」「て」「たり」

「まずは②で作ろう」「その次は④で作ってみよう」「今度は③と⑤を一文に入れよう」といろいろなパターンで揺さぶると、常に筋の通った文章が書けるようになります。

読解力というと、「読む力」（インプット）にとらわれて「書く力」（アウトプット）を見落としがちですが、読解問題は文章内容を自分の言葉で言い換えて説明する作業に近いので、たとえ一〇〇％の純度で読解したとしても、書く力が乏しければ理解したことをうまくアウトプットできず、正解へたどり着く可能性も低くなります。

読む力と書く力は表裏一体です。実際作文が上手な子は読解力も高い傾向にあります。子どものうちはどんどん書いて脳に刺激を与えましょう。それが結果的に読解力向上へつながります。

説明を意識させる作文指導

面倒くさいから後に回してつらい目にあった宿題といえば、夏休みの作文が思い出されませんか？　それは今も昔も変わらないようです。文の添削を願い出てきた小5のI君もその一人。

「原稿用紙四枚に達しないといけないのだが、二枚目で終わってしまった。どうしても長く書けない……」

この手の相談を持ちかける、たいていの子は、「もったいない作文」を書いています。**話を広げるポイントを見逃しているの**です。I君もそうでした。テーマは「がんばっていること」について。彼は少年サッカーチームに所属しており、そこでがんばっていることについて書いていましたが、読むと「もったいない」記述だらけ。一

例をあげると、

……ときどき苦しいな、と思うときもあります。それはコーチに注意されたり、試合で交代されたりしたときです。でも、サッカーは楽しく……

どこが「もったいない」か、わかりますか？

それは「コーチに注意されたり、試合で交代されたりしたときです」の部分。彼の苦しさが伝わってくるでしょうか？　私には全く伝わりません。この作文テーマは「がんばってきたこと」について。**「経験をそのまま文字にしなさい」ということですから、素材としてこれ以上書きやすいものはありません。**ですから、「苦しいな」と感じた具体的経験を詳しく書けば読み手にも伝わるし、文字数も増えるのです。

「これほど書きやすいことを書かないなんてもったいないよ。何をしたらどんな注意を受けたの？　どうして交代させられたの？　原因は何だったの？　あった経験を詳しく、具体的に、読み手に教える気持ちを持って書いてごらん」

I君にそうアドバイスし推敲を促すと、次のように書き直してきました。

……ときどき苦しいな、と思うときもあります。たとえば、コーチに注意されたときです。**パスが味方に届かず敵にわたしてしまったり、相手にボールをうばわれて倒されたり、ゴールのねらいが甘くてシュートを外したときは、どうしてそんなプレーをしたのかときびしく問われます。夏の試合中に気分が悪くなってプレーに集中できなくなり、監督に交代を告げられたときも、「サッカーって苦しいな」と感じました。最後まで出たかったのに出られず、チームも負けて、とても悔しい思いがしました。**でも、サッカーは……

太字部分が加筆訂正した箇所。元の記述に比べると、状況が具体的に描かれているので、苦しさが伝わりやすくなりました。おまけに、元の「それはコーチに注意されたり、試合で交代されたりしたときです。」は30字ですが、「たとえば、コーチに注意されたとき…（中略）…とても悔しい思いがしました。」は２０６字あります。原稿用紙半分以上ですね。力を入れるべきところを詳しく説明しようと意識すれば、原稿用紙の規定枚数はすぐに突破しますし、読み手にも伝わります。このように、作文が苦手な子には「相手に細かく伝える意識を持つ」よう助言するとうまくいきます。

というわけで小中学生の作文では、できるかぎり状況や理由を詳しく説明させましょう。状況に見合う言葉を見つけ出し、とにかく読み手に伝わるように書かせます。文の「質」を高めることは大事ですが、それはある程度の「量」をこなした後についてくるものです。書き上げた後におかしな箇所を添削しましょう。詳しく書くと読み手に何が言いたいのかが伝わりますし、思い出も鮮明によみがえります。クッキリと光が差し込み、頭の中が晴れていく感覚です。**この感覚を覚えた子は作文が好きになります。**

その後に要約的な書き方（説明した部分をまとめる作業）も教えて、くり返し文章特訓をしていけば、誰でもわかりやすい文が書けます。説明を重視した作文に取り組んでいると、やたら長いだけの、要領を得ないだらだらした文を書く子もいますが、最初のうちはそれでも構いません。その後に時間をかけてどんどん推敲させましょう。

良質の苦労は上達に欠かせないものです。

これは仕事やスポーツと同じです。最初はうまくいかなくても、苦労して次第に上達し、初心者を脱して次のステップに進みますよね。まずはやってみましょう。私は、この「説明作文」をウォーミングアップ問題として子どもたちに取り組ませています。

問題　目玉焼きの作り方を書いてください。

字数制限はありませんが、「読み手に伝わるように書く」が条件です。この日初めて授業を受けたM君がすぐに書き上げてみせました。

卵を割ってフライパンで焼く。

これがクイズなら正解かもしれません。しかし私は「不十分」と合格判定を出しません。「目玉焼きを作ったことのない子は、君の文章を読んでもわからないだろうから」と理由を添えます。

だいたいの子は、初めて文章添削を受けるとき、

「主語が抜けているね。『○○が……』があるとないとでは、どう感じる？」

「どんなふうに『楽しかった』のか書かれていないね。心の動きをもっと相手に伝えよう」

など、説明不足を指摘されます。洗礼みたいなものですね。


やる気を摘んではいけませんので、よい点を見つけたら褒めはしますがハードルは下げません。その方が達成する喜びも大きいからです。「ここが変だな」と感じた箇所は遠慮なく指摘します。

添削を受けた子どもは、一生懸命に言葉を探します。「もっと伝わる言葉はどれなんだろう。なかなか出てこない。ああもどかしい。あ、この説明ならどうだろう？だめかなあ……」と頭を使って悩みます。**実は、この悩んでいる間こそが、文章上達で最も価値のある時間です。**ですから、安易に「○○って書いたらいいんだよ」なんて口出ししてはいけません。国語辞典を渡し、頭を使っているのを邪魔しないで見守ります。必死に言葉を選び出し、つなげ、新しい言葉を紡ごうとがんばれば、**その場**

で最適な言葉を出せなくてもいいのです。この姿勢を習慣にしましょう。

さて、しばらくするとCさんが作文を持ってきました。この女の子は三ヶ月前から参加。最近何かをつかんだようで、取り組むときはいつも楽しそう。では彼女の書いた文を紹介します。

＊

（小5　Cさん）

目玉焼きの作り方を紹介します。

最初に、卵を割ってボウルに入れます。「直接フライパンに入れればいいのに」という人がいると思います。しかし、直接フライパンに入れると卵の「から」が入るかもしれません。卵のからが目玉焼きに入っていると、「ガリッ」と固い食感がして料理が台なしです。ボウルに入れると、からが入っていないか確認ができます。

次は、フライパンに油をいれ、全体に行きわたるように動かします。そして火をつけます。しばらくして、卵の中身をちょっとたらして、「ジュー」という音がしたら、全部フライパンに入れます。弱火にしてふたをします。ふたをした方が油ははねないし、よりおいしくできあがります。

しばらくして、まわりに少しこげ目がついてきたら、火を止めてフライ返しを目玉焼きの下にくぐらせます。そのまま皿に移してもりつけたら完成です。ぜひ、ためしてみてください。

＊

数えると３７６字。原稿用紙約一枚分です。みなさんはこれを読んでどう感じましたか？

詳しく説明された「わかりやすい文章」になっているだけでなく、この子の家庭の様子や、日常風景までもが目に浮かんできませんか？

まず「卵をいったんボウルに入れる」動作に感心しました。その理由まで説明していいます。過去に嫌な思いをしたのかなあと推測できますね。私はフライパンに火をつけて熱くなったら油を引くのですが、この子は油を引いた後に火をつけています。「子どもにとってはその方が安全だからなのかな？」と、料理を教えた親御さんの心遣いまで勝手に想像できます（もしかしたら家庭科の時間にそう習っただけかもしれませんが）。ともかく読み手にとってはイメージが膨らみます。理屈はわかっていないようだけど、「ふたをした方がおいしいことは知っているのだな」と微笑ましく感じるし、「まわりに少しこげ目が」の辺りは焼け具合が目に浮かんできます。

詳しく説明をすることで、読み手にも伝わりやすい文章になるし、書いた本人も出来事を追体験でき、記憶もイキイキとよみがえります。これが子どもの脳によいのは言うまでもありません。

〈まとめ〉

①子どもが作文をするときは「詳しく説明」することを意識させよう

②ぴったりの言葉が見つからなくても、「言葉探し」に頭を使えば使うほど文章は上達する

③読み手に伝わる文章を書くことで記憶を再生することができ、脳によい

小作文で書く力を鍛える方法

作文というのは国語の中でも不思議な分野です。読書感想文、夏休みの思い出作文、大きなコンクールなど、作文を書いた（もしくは書かされた）子は多いのにもかかわらず、その書き方を教えられる機会はあまりないからです。算数のように系統立てて教えられることもなく、ただ漫然と「書いてみましょう」と言われただけ、という経験のある保護者も多いのではないでしょうか。

苦しみながら子どもはがんばって書きます。しかし、何とか仕上げても、その後は「何これ？『～して楽しかった』だけで終わっているじゃないの」「他にも書く材料はあるでしょう」「話のあらすじだけで終わっているよ」と、何がよい作文かという基準もわからないのに欠点を指摘される始末。これでは嫌いになっても仕方ありません。

泳ぎ方を教えてもいない子を「さあ向こうまで泳ぎなさい！」とプールに投げ入れ、何とかたどり着いても「手足の動かし方が変だったぞ！」「息継ぎをしっかりしなさい！」と指摘したらどうなりますか？　その子はきっと水泳が嫌いになるでしょう。「とにかく書いてみなさい」という作文指導も同じです。というわけで、子どもたちに実践している作文指導法を書き綴っていきましょう。

〔1〕接続詞を使って正しい文を作る練習

入試問題を解いていると、接続詞の空欄補充問題がよく目につきます。接続詞は話の流れを示し、読解を助けてくれる品詞であり、文と文、単語と単語を結ぶ「つなぎ目にくる言葉」です。これらの役割を正確に覚え、使いこなせれば日本語の基礎はしっかりします。

たとえば、あなたが朝に目を覚ましたとします。その次にお母さんに「おはよう」

と言いました。ここまでの行動を文章にすると、
・「私は目を覚ました。お母さんに『おはよう』と言った」
となりますが、ゴツゴツとしていますね。では二文の間に接続詞を入れてみましょう。
・「私は目を覚ました。**そして、**お母さんに『おはよう』と言った」
「そして」が二文をつないだおかげでなめらかになりました。このように、**接続詞を適切に使うと、骨組みがしっかりとした作文が書けます。**意識し過ぎて最初は堅苦しい文を書く子もいるので、適宜アドバイスしてバランスよく使わせましょう。
では、接続詞を使った小作文の例です。

【逆説】

この接続詞は評論（説明的文章）の読解上、筆者の主張を捉えるヒントになることが多いので性質をしっかり覚えましょう。逆接の接続詞は**「しかし・だが・でも・と**

ころが・にもかかわらず」など。

性質は、

①前文とは反対の内容（逆の内容）が後文にくる。前文よりも後文を強調するときによく使われる

②前文からは予想できない内容が後文にくる。意外性を強調する

※参考書には①「前文とは反対の内容（逆の内容）が後文にくる」しか書かれていないものがほとんどですが、②「前文からは予想できない内容が後文にくる」も見逃せない逆接の性質です。

問題１　逆接の接続詞の後に続く文を考えなさい。①と②は前文と「逆の内容」、③は「予想外の内容」にしなさい。

①あやこはとても人なつっこい。しかし、（　　　　　　　）。

②なおこはたまにわがままを言う。だが、（　　　　　　　）。

③ももこは早起きして学校へ行った。ところが、（　　　　　　）。

「逆接」の条件を満たせばどんな内容でもよい。できるかぎり面白い内容を作ると楽しめますし、そこを評価すると子どもは楽しんで取り組みます。

問題2　逆接の接続詞の前文を考えなさい。①は後文とは「逆の内容」、②・③は「予想外の内容」にしなさい。

①（　　　　　　）。しかし、好きなだけ遊ぶことにしよう。
②（　　　　　　）。だが、地面から芽が出てきた。
③（　　　　　　）。にもかかわらず、我が野球チームは負けてしまった。

問題3　以下の逆接の接続詞を使い、二文をつなげた小作文を作りなさい。後文では、前文とは「逆の内容」、もしくは「予想外の内容」にすること。

①しかし

②だが

問題1では後文、問題2では前文を考えさせて役割を意識させ、問題3の小作文で使いこなせるように練習します。この3ステップを行うと、接続詞の性質が自然と身につきます。他の接続詞も同様に覚えさせます（※全部書くと長くなるので割愛します）。

接続詞が正しく使われた文章は読みやすく、方向性が明確です。まずはこれで正しい文の基礎練習を行います。

問題の解答例

問題１

①今日は機嫌が悪く、無愛想だ↓（人なつっこい、に対する逆の内容）
②普段は素直な女の子だ↓（たまにわがままを言う、に対する逆の内容）
③日曜日だったので校門は閉まっていた↓（早起きして学校へ行った、に対する予想外の内容）

※③は予想外であればあるほど評価します。
たとえば、「隕石が落下し、学校はあとかたもなくなっていた」など少しシュールなものでも、逆接の役割を満たしていればよい。

問題２

①今夜は、明日のテスト勉強をしなくてはならない↓（好きなだけ遊ぶ、に対する逆の内容）
②種を地面に投げて水もやらなかった↓（地面から芽が出てきた、に対する予想外

の内容）

③序盤、相手チームから7点もの大量リードを奪った↓（我が野球チームは負けてしまった、に対する予想外の内容）

問題3

省略

〔2〕説明と発想の練習　――定義づけゲーム

物事を自分の言葉で説明し、定義づけるゲーム。客観的説明を60字以上、その後に主観的説明を40字程度で書かせる小作文練習です。

序盤は辞書に載っているような説明を書かせ、その後にオリジナル、というよりは自分勝手な面白おかしい説明を書かせます。説明力と発想力を鍛えます。ゲーム感覚でやってみましょう。

問題　消しゴムとは何ですか？　客観的説明を60字以上、その後に主観的説明を40字程度で補足して書きなさい。

まずは客観的説明をさせます。手抜きをさせないために、ある程度の文字数を書かせることが大事。60字以上ならどんなにできる子でも必ず頭を使います。

生徒の解答例（前半）

Ａ君

消しゴムは、鉛筆で書いた文字や絵を消すものです。材料はゴムです。ボールペンで書かれたものは消せません。消すごとに削れて小さくなります。（67字）

ここまでは普通の説明ですが、その後に必ず主観的説明を書かせます。ここが子どもにとっての楽しいポイント。たとえばこんな感じです。

■生徒の解答例（後半）■

A君

力をこめて消すとノートの用紙を派手に破ってしまうこともあり、持ち主を悲しい思いにさせます。扱い注意。（50字）

Bさん

消したあとに消しクズが発生します。授業のあと、これが机に大量にあると「がんばったなあ。」と感じます。（50字）

C君

文字など目に見えるものは消せますが、恥ずかしい記憶や過去の失敗など、頭の中までは消せません。（46字）

といった主観的な解釈・感想で締めくくらせます。

発想が面白いものや、感心するものは評価しましょう。C君はなかなかユーモアがありますね。そして、**多くの文字を書いた結果、説明的な文章、つまり読み手に伝わる文になっています。**

このゲームは最初に客観的な定義づけをさせて「説明する力」を、そして最後に主観的な定義を書かせて「発想する力」を鍛えます。いろいろな単語を試してみると、予想外の答えに出会えてこっちも楽しめますよ。

最初のうちは「客観的な定義」が書けていないと「主観的な定義」には進めないようにしてください。そこは線引きしておかないと、ただのおふざけになります。

問題　以下の①～⑥について、客観的説明を60字以上、その後に主観的説明を40字程度で補足して書きなさい。

①えんぴつとは……
②親とは……
③サッカーとは……

こういった物理的なものの定義づけから、概念や精神にふれても面白い答えが出ます。

④嬉しさとは……
⑤怒りとは……

⑥教育とは……

どうですか？　結構頭を使いませんか？　**たくさん説明をさせて、頭を使わせてください。使えば使うほど、脳は成長します。**慣れてきた子は④～⑥のような、哲学的な問いにも楽しんで取り組みます。保護者も一緒にやってみましょう。脳のトレーニングになりますよ。

〔3〕書く視点を移動する練習　――受け身の小作文を書く

同じ内容を、する側とされる側で立場を入れかえる作文。作文に慣れていない子は「私は～しました。それから～しました。私は～だと思いました」と単調な文を書きがちです。「書く視点を移動する」小作文練習を行って、表現を豊かにします。

問題1　以下の文章を「〜は（が）〜される（された）」という形の文（受け身）に書きかえなさい。

（1）ともこは、なおこを起こしました。
（2）明日、あやこはももこにプレゼントをわたすでしょう。
（3）スワローズの打線がベイスターズの投手たちを連打し、逆転勝ちした。

受け身の文を元に戻す練習もします。

問題2　以下の受け身の文章を「〜が（は）〜する（した）」という形の文に書きかえなさい。

（1）学校のグラウンドは、児童によってうめつくされた。

（2）バス停で、健太郎はおばあさんに道をたずねられました。

解答例

問題1

（1）なおこは（が）、ともこに起こされました。
（2）明日、ももこは（が）あやこにプレゼントをわたされるでしょう。
（3）ベイスターズの投手たちは（が）スワローズの打線に連打され、逆転負けした。

問題2

（1）児童は（が）学校のグラウンドをうめつくした。
（2）バス停で、おばあさんが（は）健太郎に道をたずねました。

こうやって異なる立場から書いてみると文章に起伏が生まれます。

〔4〕書く視点を移動する練習 ——文の前後を入れかえる

「ぼくは学校に筆箱を持っていくのを忘れた」「お母さんは朝ごはんを用意した」と同じ文末表現だらけの文をよく見かけます。たまには主語を移動させて、文の前後を入れかえましょう。

先程の例文なら、

・「ぼくは学校に筆箱を持っていくのを忘れた」

↓「学校に筆箱を持っていくのを忘れたぼく」

・「お母さんは朝ごはんを用意した」

↓「朝ごはんを用意したお母さん」

となります。雰囲気が変わりますよね。たとえば、このように使います。

〈例文〉

明日は家族旅行で、私は着替えの準備をしています。お母さんは台所で弁当の仕込みをしています。お父さんは居間で行き先を確認しています。弟はもう寝ています。

すべての書き出しが「○○は～」となっているので、「お母さん」と「お父さん」のことが書かれた文節の前後を入れかえてみます。

〈前後を入れかえた文〉

明日は家族旅行で、私は着替えの準備をしています。台所で弁当の仕込みをしているお母さん。居間で行き先を確認しているお父さん。弟はもう寝ています。

前後を入れかえると、「私」が眺めている様子が浮かび上がり、リズムもよくなりました。このように、ときどき前後を入れかえるとふくよかな言い回しになり、読みやすくもなります。

では、練習問題。

問題1 （　）の指示にしたがって、文の前半と後半を入れかえた文に書きかえなさい。

（1）私は、誕生日にピンクのくつを買ってもらった。（「私」で終わること）

（2）来年、ぼくはこの中学校に入学する予定だ。（「ぼく」で終わること）

さらに、応用問題。次は、文をいくらか書きかえないといけません。

問題2　（　）の指示にしたがって、文の前半と後半を入れかえた文に書きかえなさい。

（1）達郎くんが通っている幼稚園には池があり、亀が泳いでいる。（「達郎くん」で終わること）

（2）まりや先生が書いた手紙は、クラス全員への愛情が感じられる。（「まりや先生」で終わること）

解答例

問題1

（1）誕生日にピンクのくつを買ってもらった私。

（2）来年、この中学校に入学する予定のぼく。

問題2

（1）池があり、亀が泳いでいる幼稚園へ通っている達郎くん。

（2）クラス全員への愛情が感じられる手紙を書いた、まりや先生。

このように名詞で終わる表現技法を**「体言止め」**と言います。体言止めは文のスピード感に変化を生じさせ、読み手にある種の余韻を与えます。ただし連発すると、ふわふわした品のない文になるので、ほんの少し挿入する感覚にとどめましょう。

〔5〕書く視点を移動する練習　——過去の話に現在形や未来形を入れてみる

感想文や夏休みの日記などは、過去形の文体になりがちです。しかし、過去形は「〜でした」「〜ました」など、「た」が連続するので一本調子です。そこで、**現在形**（「です」「ます」「だ」「である」など）や**未来形**（「でしょう」「だろう」など）を入れてみます。

〈例文〉

夏祭りの最後はたくさんの花火が打ち上がりました。大きな柳の形や、ナイアガラ状の花火はとてもきれいでした。これから本格的な夏がやってくるのだと思いました。

ごく普通の日記ですね。真ん中の一文を現在形に変えてみましょう。

〈現在形に変えた文〉

夏祭りの最後はたくさんの花火が打ち上がりました。大きな柳の形や、ナイアガラ状の花火はとてもきれいです。これから本格的な夏がやってくるのだと思いました。

先程よりも、花火の風景が迫ってきます。

過去形の文に違った時制を入れると視点が移動し、読み手は身近に起こっているように感じます。ただし、連発すると視点がばらばらの落ち着かない文になるので、ほどほどにしましょう。

では、小作文練習。

問題1　以下の文を、現在形と未来形に書きかえなさい。

（1）大切なことはノートにメモしました。

（2）今日は、晴れてさわやかな一日だった。

今度は、連続する過去形をひとつだけ現在形や未来形にする練習。「これが正解」という解答例はありませんが、読んでリズムがよくなるかを意識させます。

問題2　以下の文章の一文を現在形に書きかえなさい。

（1）雨の中、暗いトンネルに入りました。それは予想以上に長かったです。ぼくはこわくなってきました。

（2）まだ出口は見えなかった。ぼくは不安になった。すると、遠くに小さな光が見えた。

問題3　以下の文を未来形に書きかえなさい。

テーブルのオレンジをかじって、手袋を脱ぎ、僕は待つ。

解答例

問題1

（1）現在形：大切なことはノートにメモします。
未来形：大切なことはノートにメモするでしょう。

（2）現在形：今日は、晴れてさわやかな一日だ。
未来形：今日は、晴れてさわやかな一日になるだろう。

問題2

（1）雨の中、暗いトンネルに入りました。それは予想以上に長いのです。ぼくはこわくなってきました。

（2）まだ出口は見えない。ぼくは不安になった。すると、遠くに小さな光が見えた。

※どこを現在形にしても間違いではありません。自分のリズムを見つけるのも、作文の楽しさのひとつです。

問題３

テーブルのオレンジをかじって、手袋を脱ぎ、僕は待つだろう。

未来形は視点の移動が大きいので、現在形ほど無理に使う必要はありません。おまけ程度です。

〔６〕発想する練習　――続きを自由に考える

最初に文を与えて、その続きを50字くらいで自由に書かせる練習。できるだけ面白い発想をした人を評価します。「何を書けばいいのかわからない」「書くのは慣れていない」という苦手意識を取りのぞくのが目的です。作文上手な子には少し物足りないかもしれませんので、そんな子には「続きは１００字程度で書いてね」と多く書かせ「説明する力」を鍛えてもよいでしょう。

例題　以下の文の続きを自由に考えて50字くらいで書きなさい。

今日はお母さんといっしょにショッピングモールへ買い物に出かけました。お母さんは……

解答例

お母さんは値下げ品の服を手に入れて、私は新しいくつを買いました。カフェでケーキも食べました。（46字）

何てことのない文ですが、苦手意識を持っている子には有効です。何問かこなしているうちに、書くことが苦痛ではなくなっていきます。

問題　以下の文の続きを自由に考えて50字くらいで書きなさい。（解答例省略）

（１）教室へ着くと、私以外の人はみんな体操服を着ていた。今日は……

（２）私の弟はとても食いしんぼうだ。たとえば……

〔７〕発想する練習　――具体例を考えさせる

説得力のある作文を書く子は、具体例が上手です。具体例は、言い換える作業ですから「発想する力」と「説明する力」の両方がないと書けません。例示の接続詞の訓練も兼ねて具体例を考えさせましょう。

例示――自分の言いたいことを、別の言葉で言い換える役割。「たとえば」「いわば」など。

「たとえば」の後は具体例、「いわば」は比喩的な意味合いの文が続きます。どちらかというと「たとえば」より「いわば」の方が難易度は高めです。

問題　空欄の文を考えなさい。

①よしひこ君は元気だけど、少しどじなところがある。たとえば、（　　　　）。
②さとし君は、プロサッカー選手の名前はほとんど知っている。いわば、（　　　　）。

解答例

①学校から走って帰ってきたと思ったら、ときどきカバンを忘れていたりする。
②歩くサッカー選手名鑑だ。

〔8〕「発想する」小作文練習　――有名な文学作品の続きを自由に考える

「続きを自由に考える練習」の応用版です。名作と呼ばれる小説は、読者を引き込む冒頭が多いですよね。そうした作品の書き出しを紹介し、続きを自由に書かせます。これも面白い発想をした子を評価します。その後に原作を紹介すれば、子どもはプロの書き方を参考にできますし、文学作品に対する知識も身につきます。

問題１　以下の文の続きを自由に考え80字くらいで書きなさい。（解答例省略）

①ある朝、グレーゴル・ザムザがなにか気がかりな夢から目をさますと、自分が寝床の中で一匹の巨大な虫に変っているのを発見した。（カフカ『変身』）

②吾輩《わがはい》は猫である。名前はまだない。どこで生まれたかとんと見当がつかぬ。（夏目漱石『吾輩は猫である』）

③朝、食堂でスウプを一さじ、すっと吸ってお母さまが、
「あ」

と幽《かす》かな叫び声をお挙げになった。

「髪の毛？」

スウプに何か、イヤなものでも入っていたのかしら、と思った。

（太宰治『斜陽』）

④ゴーシュは町の活動写真館でセロをひく係りでした。けれどもあんまり上手でないという評判でした。上手でないどころではなく、じつは仲間の楽手のなかではいちばん下手でしたから、いつでも楽長にいじめられるのでした。
（宮沢賢治『セロひきのゴーシュ』）

①②などは傍線部「虫」「猫」を他の生き物に置きかえてもよいでしょう。

問題２　空欄に好きな単語を入れ、続きを自由に考えなさい。（解答例省略）

①ある朝、グレーゴル・ザムザがなにか気がかりな夢から目をさますと、自分が寝床の中で一匹の巨大な（　　　　）に変っているのを発見した。

②吾輩《わがはい》は（　　　　）である。名前はまだない。どこで生まれたかとんと見当がつかぬ。

③国境の長いトンネルを抜けると（　　　　）であった。（川端康成『雪国』）

たまには悪ノリさせても楽しいですよ。

発想小作文のコツは、どんなくだらない内容だろうが、まずは書くことです。いわば**「質より量」**。書かないと何も始まりませんからね。このようにアイディアをどんどん制限なしに出す考え方を**「拡散的思考」**と言います。

〔9〕発想する練習 ――歌詞から自由に想像して解釈する

歌詞から、歌の世界を自由に想像して書く練習です。たとえ作詞者の意図と外れていても説明ができればよいでしょう。もともと国語力がある子なら、歌詞をじっくりと読ませて、答えの根拠を述べさせると、読解練習にもなります。できるだけ有名で、子どもにも理解しやすい歌の方がスムーズに取り組めます。

やってみましょう。題材は井上陽水さんの『夢の中へ』です。

探し物は何ですか
見つけ難《にく》い物ですか
カバンの中も　机の中も
探したけれど　見つからないのに

まだまだ探す気ですか
それより僕と　踊りませんか
夢の中へ　夢の中へ
行ってみたいと　思いませんか

（略）

休むことも許されず
笑うことは止められて
這《は》いつくばって　這《は》いつくばって
いったい何を　探しているのか

探すのを止めたとき
見つかることも　よくある話で
踊りましょう　夢の中へ

行ってみたいと　思いませんか

（略）

探し物は何ですか
まだまだ探す気ですか
夢の中へ　夢の中へ
行ってみたいと　思いませんか

（後略）

問題1「探し物」は何だと思いますか。自由に答えをあげ、その理由を60字程度で書きなさい。

問題２「夢の中」とはどんな場所ですか？　自由に答えをあげ、その理由を60字程度で書きなさい。

歌詞を読んでも、「探し物」は明記されていませんが、ヒントはたくさん書かれていて、探し物のイメージは人によって異なりそう。さすが井上陽水さんですね。聴き手のイメージを膨らませてくれます。解答例は書きませんが、正解や間違いはありません。歌から何かを発想して、相手に伝えるように説明できればいいのです。授業で取り扱う場合は、実際の曲も聴かせると効果抜群。これで作文を好きになる子もいます。

型に沿って作文を書く練習

子どもたちに取り組ませている作文の「型」を紹介しましょう。作文を初めて習う子には、まず小作文で苦手意識を軽減させ、次に「型に沿って」書かせる練習を行っています。**「型に沿って」とは、段落ごとに書く内容をある程度導いてあげること。**たとえば「第一段落では○○について書き、第二段落では□□について、第三段落では××、第四段落でまとめよう」と、方向性を示してあげるのですね。紹介した型の通りに書く練習をして、展開の仕方を吸収していけばよいでしょう。

芸道でいうと「守・破・離」の「守」のようなもので、充分に身につけた後はそれぞれの型を若干変化させてみたり、組み合わせてみたりして、自分なりのフォームを作り上げれば上出来です。

では、取り組んでみましょう。

〔1〕主題提示型

最初に自分の主張を書き、その理由を説明し、最後に再主張し、まとめる型。双括型とも呼ばれます。流れは、

①第一段落で自分の意見を提示し、
②第二段落でなぜそう考えたのかを具体例も交えながら理由を説明し、
③第三段落で意見を再主張し、まとめる。

主題提示型は第二段落が最も重要です。この段落を強く意識してください。自分自身の体験など、明確に説明できる具体例があればベスト。そういったものがない場合は、たとえ話を考えさせてみましょう。**作文に必要な「説明する力」と「例える力」をここで鍛えます。**

小学六年のRさんに「この『主題提示型』で、君の好きなことについて２００字くらいで書いてごらん」と取り組ませてみました。

＊

「バレエが好き」（R）

①私はバレエが大好きです。
②おどっているときは時間があっという間に過ぎていくくらい楽しいし、本番で成功したときは嬉しくて胸がいっぱいになるからです。発表会の前は、練習時間が倍になったり、指導がきびしくなったりして苦しいときもあります。しかし、本番が終わった後のあの気持ちをまた味わいたいと頑張っています。
③三歳から始めたバレエですが、これからもずっと続けていきたいです。それくらいに私はバレエが大好きです。（２００字）

＊

①と③はほぼ同じ内容で、「まとめ」にあたる部分。②は、自分の体験をうまく使って説明しています。この型に沿って書くと、バレエが好きな理由がよくわかるし、一生懸命に取り組んでいる様子が伝わってきませんか？「まとめ」↓「説明」↓「まとめ」のサンドイッチ構造で最初と最後をしっかりと引き締め、「説明」は読み手に味わってもらう気持ちで詳しく書きましょう。

今回のように自分が体験した話を盛り込むと、リアリティが出て伝わりやすくなります。

〔2〕問題解決型

前半は問題点を浮かび上がらせ、後半に自分の意見を述べる型。環境問題など、すぐに結論を出しにくい複雑なテーマに便利です。流れは、

①第一段落でこれから述べるテーマについて簡潔にまとめる

②第二段落で現在の状況などを分析し、原因や問題点を考える
③第三段落で①と②をふまえて、問題を解決するために自分なりの意見・アイディアを書く
④第四段落で自分の意見を前向きにまとめる

ポイントは、**第二段落で自分の意見を納得してもらうための「土台」作りをすること。そして第三段落では自分の意見を具体的に書くこと。**

②の内容を充実させれば、大人に匹敵するほど深い文になります。そしてこの③「自分なりの意見・アイディア」は、出す姿勢が大事。子どもにとっては難しい型ですので、少しズレていたり、稚拙だったりしても評価しましょう。

「沖縄少年院を仮退院した少年46人の、生活状況調査」という新聞記事を読んだMさんがこの型で書いてみました。

＊

「非行防止を保護者と共に」（M）

①沖縄県では、非行の低年齢化が問題となっている。

②少年院を仮退院した四六人を調査したところ、初発非行年齢を調べると、小学校四、五年が一番多いという結果がでた。さらに調べると、六五・二％が保護者からの「ネグレクト」、三四・八％が「暴力・暴言」を受けていたことが明らかになった。また、貧困家庭も比較的多く、少年非行の原因には、放任や低所得とも深いかかわりがあることがわかる。つまり、彼らの非行行動は、家庭環境に原因があるのだ。

③だから、保護者は小学生のこの時期に、たくさんかまってあげた方がいい。話を聞いて、外に一緒にでかけて自分の子どもとたくさん時間を過ごせば、非行の防止になると思う。悪いことやよいことをしても、叱ったり、褒めたりしてもらえないというのが、子どもにとって一番つらいこと。この時期にいっぱいかまってあげるといいだろう。

④保護者には「子供への意識を高めていくように」と学校や地域で呼びかけていけば、非行の低年齢化防止にもつながるのではないか。（426字）

＊

第二段落では的確に数字（〜％）を盛り込んでいます。数字は客観的なデータですので、説得力が増します。評価ポイントとなる③の「自分なりの意見」も読み手に伝わりやすいですね。

「問題解決型」では、物事をあらゆる角度から見て、客観的な材料を示していきましょう。そうすれば読み手も納得します。慣れていけば、複雑なテーマも書けるようになりますよ。

応用として、②をさらに三つの段落に細分化し、**「現状分析」→「現状の原因・理由」→「問題点の指摘」**の流れがしっかりとした問題解決型作文を紹介しましょう。第二段落に注目してください。

＊

「みんなで食生活を見直し、運動しましょう」（Y）

①沖縄県は、かつて健康長寿の県として注目されていました。しかし、最近はこうした話は聞かれなくなりました。なぜでしょうか。

②―1　厚労省の発表によると、「肥満」と判断された成人男子は四五・二％となっています。おおまかに言うと二人に一人が肥満で、全国ワースト1。また、平均寿命も平成二十二年度には、男性は三十位に後退しています。

②―2　沖縄県は公共的な交通機関が充分には整っていません。だから車で移動することが多く、歩く機会が少ないと言われています。確かに自分の家庭を振り返ってみると、父は車通勤ですし、私もついでに乗って学校へ送ってもらっています。また、他県と比べると脂質摂取量も高いそうです。これでは運動不足と肥満になるのもわかります。

②―3　この傾向が続くとどうなるでしょうか。糖尿病など、肥満の結果でなってしまう病気の割合はどんどん増えていくのではないでしょうか。また、運動

不足や肥満の傾向は、親から子へ受け継がれていくかもしれません。しかし、それほど食生活や生活習慣を気にしている人は決して多くないように感じます。

③だから、肥満傾向にある人は、どれくらいカロリーを摂取しているのかを定期的にチェックする、など食事への意識を変えた方がいいと思います。それに、食生活も見直しながら、運動をして健康を取り戻さないといけません。週に一回は家族全員でウォーキングする日を設ける、車をなるべく使わないで歩く、などの習慣をつけたらよいでしょう。

④大人も子どももみんなで協力し、よい食生活や運動習慣を続けて、再び健康長寿の県に返り咲きたいです。（651字）

＊

②―1で現状分析、②―2で現状の原因・理由、②―3で問題点の指摘という構成になっています。

前半の分析がしっかりとできているので、後半の主張も納得できますね。集めた材料を型に沿って書けば、こうして作文ができます。**各段落で何を書けばよいかを明示してあげると、子どもはわかりやすく感じます。**

〔3〕記事紹介型

前半に記事や短いコラムの要約をさせ、後半に自分の雑感を書く型。この型は、内容をまとめ、思いを詳しく書く練習になるので読書感想文に取りかかる前の第一歩としても役立ちます。続ければ「要約力」がつき、読解も上手になります。流れは、

①第一段落でこれから書く記事を紹介し、
②第二段落で記事の内容を要約、
③第三段落で記事についての感想を詳しく書き出した後、
④第四段落でまとめ（もしくは似たような時事問題について考える）

④のまとめ方は記事内容によっていろいろと変化させてもよいでしょう。ポイントは**第二段落で記事の要点を捉え、第三段落で記事について考え、感想を詳しく書くこと。**では、記事を素材に書いた文を紹介しましょう。

＊

「豆腐の品評会」（K）

①「日本一おいしい豆腐」を決める全国で初めての品評会が、六月二十日に京都市で開かれました。年々減る職人の技を高め、次の世代につなげていくねらいがあるそうです。

②この品評会は、外観・香り・食感・味の四つで二十人の審査員が判定しました。「日本一」である金賞を受賞したのは、長野県「富成伍郎商店」の「手塩にかけた伍郎のきぬ」。代表の富成さんは「従業員たちに豆腐屋としての誇りを持たせることができて、うれしい」と語ります。この品評会は、「豆腐業界を盛りあげ

たい」という京都府豆腐油揚商工組合が主催しました。豆腐製造は機械化が進み、高齢化や担い手不足もあって、職人の数は減っているそうです。品評会で職人が腕を競い、製造技術を高め、次の世代に技術をつなぐことが期待されます。

③私は、この記事を読んで「お豆腐の日本一」を決める品評会があることを初めて知りました。そして、身近にあるものの、あまり考えたことのない豆腐の作り方にもたくさんの工夫があることに驚きました。味についても意識したことはあまりなかったので、それぞれの豆腐にどんなちがいがあるのか、いろいろ試してみようと思います。また、「豆腐をよく食べる県庁所在市ランキング」で、沖縄県那覇市が一位になっていることも初めて聞いてびっくりです。

④今年は参加していなかったようなので、ぜひ来年は沖縄県も加わってほしいです。私たちが毎日食べている豆腐が、全国でどんな評価を受けるのか楽しみです。

（６０９字）

＊

元記事は二〇一五年六月二十八日の「朝日小学生新聞」。実際はすべての漢字にふりがながついています。

決定！　お豆腐日本一

金賞は長野県松本市の富成さん

（中略）

全国初の品評会

外観・香り・食感・味の四つで判定

品評会では北海道から鹿児島県まで、77の豆腐屋から集まった128品の豆腐がずらりと並びました。20人の審査員が調味料をつけずに食べて、「外観」「香り」「味」「食感」の4項目で点数をつけました。

豆腐の味は、大豆の品種や水の質、「にがり」など豆腐を固める材料の量や固め方によって、ちがいが出ます。

「日本一」である金賞を受賞したのは、長野県松本市の「富成伍郎商店《とみなりごろう》」の「手塩にかけた伍郎のきぬ」（税込み194円）。長野県産の大豆ナカセンナリを使い、独特の甘みとコクがあるといいます。水は新鮮な地下水を使っています。

代表の富成敏文さん（51歳）は「従業員たちに豆腐屋としての誇りを持たせることができて、うれしい」。おじいさんが1927年に始めた店を25歳で継ぎました。

銀賞は豊産商事《ほうさんしょうじ》（千葉県鴨川市）の「菜の花とうふ　もめん」、銅賞は同社の「菜の花とうふ　きぬ」（ともに税込み180円）です。

品評会を主催したのは、京都府豆腐油揚商工組合。理事長で、豆腐屋「久在屋《きゅうざや》」（京都市右京区）を営む東田和久さんは「豆腐業界を盛りあげたい」と開催を決めました。

厚生労働省のまとめでは、全国の豆腐屋の数は、60年に5万1566店だったのが2013年度には8518店に減りました。ただ、総務省の家計調査を見ると、消費量は横ばいで減っていません。「豆腐作りの機械化が進み、スーパーなどで手軽に買えるようになったためです」と東田さん。

高齢化や担い手不足により、職人の数も減っています。品評会で職人が腕を競うことで、製造技術を高め、次の世代に技術をつなぐことが期待されます。来年以降も毎年開く予定です。

(後略)

豆腐をよく食べる県庁所在市ランキング
1位　沖縄県那覇市
2位　岩手県盛岡市
3位　栃木県宇都宮市

４位　鳥取市
５位　京都市
（購入金額、２０１４年、総務省調べ）

新聞記事には必ず「見出し」がついています。見出しは記事内容を端的に示している、**究極の「要約」**です。記事紹介型作文では、第二段落に記事内容の要約作業がありますが、こうした見出しを手がかりにすると上手に仕上げられます。

今回の場合だと、
- 決定！　お豆腐日本一
- 金賞は長野県松本市の富成さん
- 全国初の品評会
- 外観・香り・食感・味の四つで判定

が見出しになっていますね。これらをうまく盛り込めば要約は完成します。第二段落をもう一度読んでみましょう。

＊

この品評会（※前段落の**「日本一おいしい豆腐」**を決める全国で初めての品評会のこと）は、**外観・香り・食感・味の四つ**で二十人の審査員が判定しました。**「日本一」である金賞**を受賞したのは、長野県「富成伍郎商店」の「手塩にかけた伍郎のきぬ」。代表の**富成さん**は「従業員たちに豆腐屋としての誇りを持たせることができて、うれしい」と語ります。この品評会は、「豆腐業界を盛りあげたい」という京都府豆腐油揚商工組合が主催しました。豆腐製造は機械化が進み、高齢化や担い手不足もあって、職人の数は減っているそうです。品評会で職人が腕を競い、製造技術を高め、次の世代に技術をつなぐことが期待されます。

＊

このように、「記事紹介型」は要約練習の第一歩にも使えます。新聞記事は日本語の使い方が正確なので、要約のために書き写すだけでも役立ちます。

第三段落の「感想」にあたる部分も、記者自身の雑感が参考になり、他の感想文より取り組みやすいです。
保護者も一緒に取り組みやすいという点も見逃せません。

・要約ができているかどうか確かめやすく、アドバイスもしやすい
・「子どもが興味を持ちそうな話題は何かな」と探しているうちに、自分の知識も深まる

無理なく長い文章が書ける型です。

〔4〕読書感想文の型

読書感想文を書くためにはもちろん本を読まないといけませんが、注意点がありま す。当たり前といえば当たり前ですが、感想を書きたくなる本を選ばないと意味があ りません。量が少なくて薄い内容だと、「面白かった」「すぐに読めた」で、浅い感想 になってしまいます。かといって分量の多過ぎる本を選ぶと、息切れして挫折する可能性があります。適度に量があって、あらすじを他人に語りたくなるくらいの面白さや展開がある本がよいでしょう。

読み進めるときは、心情に線を引いたり、印象的な場面変化には付箋を貼ったりなどして、どんどん本に印をつけましょう。「ここまで読んでいるぞ」という確認ができてモチベーションも上がりますし、後で感想文を書くときのメモ代わりになります。

最初は流し読みし、二回目は精読するなど重層的に読み込んでいきましょう。

読み込んだ後に感想文を書きます。盛り込むと伝わりやすいポイントは、

A．あらすじを軽く書く

B．興味を持った場面の分析をする

C．物語をきっかけに、関連した出来事を語る

D．また話に戻り、感動したことなどを力強く語る

これを入れましょう。

A．あらすじを軽く書く

本を紹介するので、ある程度はあらすじを書かないといけません。ここはできるだけ主観（自分がどう思ったか）は書きません。簡潔に状況を記しましょう。必要最低限でよいです。感想文が書けないからといって、だらだらとあらすじだけを書くのは禁物。それは読み手を全く意識していない、ただの文字埋め作業です。

B．興味を持った場面の分析をする

何か心にひっかかったものは、「なぜ印象に残っているのだろう」と、自分と対話してください。ここを詳しく説明したり、考えたりすると相手にも響くし、深みも出ます。

C．物語をきっかけに、関連した出来事を語る

読書感想文は、物語の感想とともに「本と関連してあなたのことを語りなさい」と要求しています。「この経験は私にもあります。それは……」「主人公はここで苦しいながらもがんばっています。私が苦しくてもがんばったことといえば……」と、自分の出来事に切り替えて語りましょう。たいていは経験話に持っていけるので、詳しく書けて文字数も増えるし、その話は読み手にも伝わります。**どんどん自分の話をしましょう。**そこが聞かせどころです。どんどんおしゃべりしましょう。しかし、本の世界に戻ってくるのを忘れてはいけません。

D．また話に戻り、感動したことなどを力強く語る

自分の出来事を語ったら、話の内容に戻ります。また物語にふれ、**一番印象に残ったことや感動したことなどをいきいきと語りましょう。**物語の分析は冷静に、印象に

残ったことや感動したポイントなどは情熱的に書くと、文章にメリハリが生まれます。

こうやって物語の内容と自分のことを行き交いながら書き進めると、上手な感想文が仕上がります。最後は本の内容を振り返ったり、自分の経験から今後の生き方を考えたりしながら、前向きにまとめましょう。

というわけで、この構成の場合は次のような「型」で書くとよいでしょう。

・読書感想文の「型」（一例）

①本を読んだきっかけなど
②あらすじを軽く紹介する
③興味を持った場面を書き、分析をする（たとえば、なぜ自分が興味を持ったのかを説明する、なぜ主人公はこんな行動に出たのか、を考察する）
④物語をきっかけに、関連した自分の出来事を語る
⑤話に戻り、感動したことなどを力強く語る
（※場合によって③④⑤をくり返す）

⑥前向きにまとめる

この型なら大きな失敗もなく、自分の考えが相手に伝わる感想文が完成します。

第4章
漢字

漢字を楽しく覚える方法

先日、小4のNさんが「どうして学校は『学校』って書くのだろう」と疑問を投げかけてきました。大変よい気付きです。

「学」はもともと「學」と書きます。手元にあった白川静氏の『常用字解』によると、「學」の上のメが二個連なっているのは木々の交わりであり、「学舎の形」を示す。その左右にあるのは「教え導く大人の手」、そして屋根の下の学ぶ「子」を加えて「學」の字になる。とあります。「校」は「交」差した「木」でできた建物を表し、古い時代は貴族の子弟を教育するための学舎を意味していたそうです。

そこで「『学』は、屋根の下で子どもが大人に教わること。『校』は、学ぶ建物のこと。そしてどっちの漢字にも『交ざる』って意味があるね。学校はいろいろな人間と交わって学ぶ場所なんだね」と多少アレンジして説明すると、Ｎさんはとても納得した様子でした。

〈蛇足的ボヤキ〉

今回は、たまたま旧字の「學」を知っていたから説明はできましたが、現在の当用漢字「学」では本来の成り立ちは推測もできません。私は「學」が「学」に簡略化されていることを残念に思います。教育上重要な漢字は旧字であってほしいです。先人の教育思想がわからないと、脈々と受け継いできた理念が失われてしまいます。

漢字は、それぞれ字自体に意味があります。それを子どもにはできるだけ教えてあげましょう。すると興味を持ち、覚えるきっかけになります。

先ほど紹介した「学」のように、そこまで詳しく調べなくてもよいですし、文字学的に正しくなくてもかまいません（私が字義を追究するのはただの職業病です）。子どもに漢字への親しみを持たせられたら目的達成です。

「貝」という漢字を使って実践してみましょう。

貝は「学」と同様小学一年生で習い、もともとは巻貝の姿からできた象形文字です。まず、子どもには「貝の姿をそのまま漢字にしたもの」と伝えます。次に、小学生向けの漢字辞典で「貝」を調べてみましょう。おそらく「貝は、昔お金の代わりに使われた」と書かれているはずです。あとは「だから、**お金に関係する漢字は、『貝』が付くことが多いんだよ**」と添えて、貝の部首が付く漢字を調べさせましょう（自分で調べるのが好きな子は、きっかけを与えればどんどん覚えていきます）。

そしてもう一度言いますが、**文字学的には多少間違ってもよいから子どもにとってわかりやすく、納得する説明を心がけてくださいね。**

たとえば「貨」（小4）。「昔はお金として使われていた『貝』が『化』けて、今のお金を表す『貨』になったんだよ。硬貨、貨幣などはお金そのものでしょ」と教えてもいいでしょう。

※厳密にいえばこの説明は一〇〇%正しくはありませんが、学者のようにこだわらなくてもいいです。漢字の原義は中国大陸の歴史・文化に深く密着しているので、日本の子どもにとってはわかりづらいものも多いからです。

他にもまだできます。

●「お金（貝）を『貯』めるから『貯金』だね」
●「お金を『分』け与え過ぎると『貧』しくなっちゃう」
●「仕事を『任』せた人には、お礼として『賃』金を支払おう」
●「『有』はね、手で包む意味があるのだけど、それにお金の『貝』が付くと、お金をこっそり包んでわたす『賄』賂になっちゃう」
●「お金を集める『才』能があると『財』産が築けるかも」
●「他にも『貴族』『貿易』『資金』『賞金』『質屋』『売買』『負債』……お金に関係しそうな熟語には貝へんが付いているよ」

と語られると、大人だって面白くありませんか？　ちなみに**今あげた貝へんが付く漢字はすべて小学校で習います。**このように関連づけて教えてあげると覚えやすいですよ。たとえなかなか覚えられなくても、部首の意味（さんずいは水に関係する漢字に付く、など）くらいは教えてあげてください。

やってほしくないのは、**ただやみくもに同じ漢字を何度も書かせて、力任せに暗記させたり、無機質な漢字問題集で数をこなして無理やり覚えさせたりすること**です。もともと漢字の意味を理解していない子にこの作業を強いるのは苦行に近く、ますます漢字嫌いになりますよ。成り立ちや部首を、子どもと一緒に調べながら教えていくと、子どもだけでなく、私たち大人にも新しい発見があります。知的好奇心をお互いに満たし合いながら、楽しんで取り組んでくださいね。

おすすめの漢字習得法

Q

おすすめの漢字問題集や学習法はありますか？

A

ご質問ありがとうございます。何年生のお子様かわかりかねますが、いい機会なので漢字の学習について記します。

お子さんが小学五～六年生で、中学受験を考えている場合、『でる順　漢字』（旺文社）、『国語　漢字 中学入試の最重要問題』（学研）は取り扱っている書店も多く、手に入りやすいでしょう。ただし、これは漢字力のある子が総仕上げ・まとめで使う教材と考えています。あとは、小学生用参考書を多く手がけている出版社さんの漢字ドリルは、どこもある程度ハズレはないように感じます。

ごめんなさい。歯切れが悪くて。

小学生用の漢字ドリルに関してはどれも一長一短あり、「どんな子にも自信を持ってオススメできる」と断言できるほどの漢字ドリルには、実は私も出合っていないのです。定期的に書店に足を運び、チェックするのですが、なかなか満足するには至りません。

私が求めている小学生用漢字ドリルはこのようなものです。

①出題されている漢字の意味も併記されている

例）「彼は、モノゴシ（↓人に接するときの態度）の柔らかい人だ」

「イクドウオン（↓多くの人が同じ発音をすること）の発言」

②重要漢字については書き順が記されている

③部首の解説や該当漢字の由来について記されている

漢字は語彙力のひとつですから、①ははずせません。また、③があると知的好奇心を刺激し、漢字に愛着がわきます。しかし、市販の小学生用漢字ドリルで、これらの条件をすべて満たしているものはおそらくないのです。大学受験用の漢字問題集では、①は結構満たしているのですが。

ごめんなさい。質問にお答えできないどころかぼやいてしまいましたが、こんな状況ですので私も考えました。実際に取り組んでいる、小学生におすすめの漢字習得法を記します。

〈必要なもの〉

- ノート
- 小学漢字辞典

↓これが重要。国語辞典ではありません。小学生で習う漢字が画数順や学年毎で並んでいる辞典です。個人的にはベネッセの『チャレンジ　小学漢字辞典』が使いやすいと感じています。

〈手順と意義〉

①該当学年の漢字をノートに一字書きます。今回は二年生で習う「回」という字を例にしましょう。「回」をノートに写します。

②『小学漢字辞典』で「回」を引きます。すると、成り立ちが書かれているのでそれを読みます。「水がうずまくようすをえがいて、つくった字。『まわる』という意味を表す」と書いてありました。なるほど、と子どもは納得します。

③その字の後には熟語がずらっと並んでいます。「回帰・回航・回収・回転・回覧……」など。その中から熟語を三～五つ（ここは学年や意欲によって調整していきます）選ばせ、その熟語と意味をノートに書かせます。さすがに難しい漢字は、ひらがなでもいいとします。ここら辺りは臨機応変に対応しましょう。

④自分で調べる漢字練習なので、教えられるより頭に入っていきます。つまり覚えます。成り立ちも理解するようになります。

⑤この作業を継続して行います。毎回「五つの漢字を週二回」程度のゆっくりペー

スでも、四～五ヶ月で学年の漢字は終わります。書き終わったノートは保管して何度も読み返しましょう。自分で作り上げた『漢字参考書』となるので愛着もわきます。

この方法は、メリットとデメリットがあります。

（メリット）

- 自分の頭と体を使って調べるため、機械的に書くよりも記憶に残る
- ひとつの漢字から数種類の派生語を覚えるため、語彙が増えるうえに類語も覚える
- 知的好奇心を満たすため、飽きずに積極的に取り組む

（デメリット）

- 入試の重要漢字かどうか子どもは判断できないため、妙な熟語も覚える（私はそれも面白いと感じますが）
- 自分で調べる学習のため、時間は多少かかる

・入試に出るものを効率的に覚える、というものではない

というわけで、私はこの方法と漢字ドリルを併用して指導しています。何だか質問から逸脱してしまいました。たかだか「漢字ドリル」かもしれませんが、その子との相性があり、一概に「これがベスト」とは言えないのも事実です。漢字の書き取りについては今後も記します。

第５章
生活

中学受験でやってはいけないこと

中学受験を控えている子を持つ保護者の中には、「こうした方がいいですよ」という情報収集に熱心な一方、「これはやってはいけないですよ」という情報に疎い方も多いです。「受験のために……」を理由に、小学生に対してやってはいけないことを教えます。

〔1〕睡眠時間を削る

これが一番やってはいけないこと。当たり前すぎて書くまでもないと思っていたのですが念のため。

子どもは、寝て成長するのが最も重要な仕事です。これ以上の優先順位はありません。どんなにあせっても、睡眠時間を削ってまで勉強させてはいけません。ストレスと疲労から情緒不安定、集中力低下、身長が伸びない、発熱、暴力的に（キレやすく）なるなどの精神・肉体面での問題が出てきます。

そもそも「成績を上げるために勉強時間を増やして、その代わりに睡眠時間を削ろう」という発想が大きな誤りで、子どもは寝ている間に、起きている時間に入手した情報の取捨選択と整理整頓を行い、記憶の定着を図っています。それには充分な睡眠が必要です。しっかり寝ると元気度も上がり、学習への意欲と集中度も高まります。

つまり、**「成績を上げたいなら睡眠時間の確保は絶対条件」**です。私が見たところ、睡眠時間を削ってまで勉強をして、成績が上がった小学生はいません。上がったとしても一時的なもの。長期的には例外なく落ちていきます。

一昔前までは、寝る間を惜しんで勉強するのが美徳だという風潮もあったかもしれません。しかし、「睡眠時間が少ない子どもは、成績が悪くなる」という研究結果があるのはご存じでしょうか？　受験だから、と寝る時間を削って毎日勉強している……なんて小学生の話を聞くと悲しくなります。子どもが深夜まで勉強する風景はおかしいとハッキリ申し上げておきます。

小学生は自分で生活のコントロールをするのが難しい時期。様々な事情はあると思われますが、家庭での就寝時間を定めて、「もう寝なさい」と声かけしてくださいね。

〔2〕遊びの時間を奪う

これもやってはいけないこと。だらだらとゲームをするなどの遊びではなく、スポーツをする、楽器を演奏する、好きな漫画を読む、絵を描く、などの趣味に近い「遊び」です。**特に、体を使う遊びは奪ってはいけません。**

たとえば、あなたの子どもが幼い頃から運動大好きで、近所の子とよく走り回っている、サッカーなど運動系の部活に所属しているなど、体を動かして楽しんでいるのなら、その時間を無理に奪ってはいけません。

こう言うと反論する指導者や保護者もいらっしゃるかもしれません。「睡眠時間を削ってはいけないという話は理解できるが、これはいいじゃないか。遊んでいた時間をそのまま勉強に充てるのだから、学習時間は増えるでしょう？　効率的だと思いますよ」と。

確かに、そう感じるかもしれません。しかし、好きなことを奪われる悲しみやショックは、大人が考える以上に大きなマイナスをもたらします。小学生は、自分の置かれた状況を冷静に分析できる年齢ではありません。遊ぶ時間が勉強時間にすり替わった「ストレス」を理解できず、それが問題行動となって現れます。**子どもの脳の作りや成長段階を考慮せず、大人の理屈で「効率よく進む」と思う時点で間違っているのです。**子どもは機械ではありません。

百歩譲って、二～三ヶ月程度なら我慢できるかもしれません。しかし、その間も表面に見えないだけで、「ストレス」という澱《おり》は心の底にゆっくりと溜まっています。これは勉強どころか健康にも有害です。遊びによって排出されることのなくなったその澱は、そのうちに溢れ出します。

たとえば、

- 家族に乱暴な言動をとる
- 突然怒り出すようになる
- 学校の授業を聞かない

など。

遊んで体を動かし、勉強と逆の行動をすると脳はリフレッシュし、学習への集中力が復活します。「遊び」は成績を伸ばし、子どもの成長に不可欠なのに、あせる保護者はそれが見えなくなる場合があります。

ところで、人間に必要な三大栄養素はご存じでしょうか？　そう、「炭水化物」「タンパク質」「脂質」ですね。これに「ビタミン」や「ミネラル」を加えて五大栄養素と呼ばれます。ビタミンやミネラルは身体機能を助けてくれる栄養素ですが、炭水化物・タンパク質・脂質は、これがないと身体機能そのものが成り立ちません。

無理なダイエットの失敗例として、ビタミン・ミネラルは摂取するものの脂質をカットした結果、肌は荒れる、体調を崩すなど、結局健康を損なう方がいます。脂質は絶対必要な栄養素なのに、まるで余分なもののように避けるからです。

もうおわかりでしょう。勉強はビタミンやミネラルのようなもの。遊びは脂質のようなもの。**勉強は子どもの成長を助ける栄養素でありますが、遊びは子どもの成長に絶対必要な栄養素**です。遊びを奪って勉強だけさせようというのは、無理なダイエットの強要と同じです。脂質と同じで「摂り過ぎ」はよくないものの、遊びは子どもの権利です。子どもから遊ぶ時間をなくそうなんて思わないでくださいね。

〔3〕愛情のない食事を続ける

「親の手作り料理が子どもにとって一番」は、よく聞く言葉です。なぜなら、**作り手の温もりは子どもに伝播し、「温もりの大切さ」に気付く子に育つ**から。対して、誰が作ったのかわからない無機質な食事が続くと、子どもはご飯を食べる楽しみや嬉しさを覚えません。それに、外食や出来合いの弁当は味付けが濃く、画一的になりがち。

もちろん、夫婦共働き、休みが不規則など、理想通りにはいかない家庭も多いでしょう。その場合は親戚、子どもの面識のある親しい人でも大丈夫。そういった大人が作ってくれたなら、子どもは安心と愛情を感じます（もし読んでいるあなたが料理をしないお父さんなら、すぐに覚えて協力すべし、です）。

そして、食事はできるかぎり親子で会話をしながら行いましょう。よく言われることですが、子どもだけで食事をとる、いわゆる「孤食《こしょく》」はコミュニケーション能力の低下を招きます。

志望中学の合格は、人生のゴールではありません。勉強は確かに大事ですが、**子どもはしっかりと寝る、遊ぶ、食べる、という重要な仕事があります。**勉強がこれらより先に来てはいけません。誤った方向にがんばった結果、成績不振、体調不良、無気力、燃え尽き症候群に陥る子が一人でも減りますように。

家で子どもの勉強をみるときの注意点

「家で子どもの勉強をみています。わからないことを説明したり、ヒントを与えたりして手助けしているのですが、なかなか理解してくれないし、わかろうともしない感じなので、いつも最後は怒りがちになってしまいます。どうしたらいいのでしょう」

よく受ける相談です。似たような経験がある方もいらっしゃるでしょう。このときは、子どもの状況を把握する前に自分の行動を振り返ってみましょう。

- **問題を理解しようと、子どもより自分の方が頭を使っている**
- **わからせようと、子どもより自分の方がしゃべっている**
- **子どもが問題を見て黙っているとき、口出しをしてしまう**

これらの要素があったとしたら見直しが必要です。

①問題を理解しようと、子どもより自分の方が頭を使っている

単純な問題なら反復練習で理解できます。しかし、中には思考力が必要な問題も多いですよね。それらを一緒に考えるのはまだよいのですが、子ども以上に一生懸命頭を使っている保護者もいらっしゃいます。

あなたのそんな姿を見ている、主役のお子さんはどんな様子ですか？　同じように一生懸命に取り組んでいますか？　もしかして、**解いているのを、じっと待っていませんか？**　受け身の姿勢になっていたら要注意です。ヒントや解説が出されるのが当たり前と思わせたら、積極的に取り組まなくなります。

②わからせようと、子どもより自分の方がしゃべっている

「理解を助けてあげたい、早くわからせたい」という親心はわかります。しかし、**わからないことを発見し、それをわかるためにチャレンジするのが勉強です。**答えを出

す過程でたくさん頭を使えば、たとえ正解でなくても脳が鍛えられます。それは次につながる経験値になります。

最初からどんどん解説して、わからないところをあらかじめ取り除くのは決して子どものためになりません。学力は、わからないことをできるだけ自力でわかるようにする、そのくり返しでついてくるものです。

たとえば、筋肉をつけたいと思っても、達成するために楽な方法はありません。負荷に耐えて、そして「この前より重いものが持てるようになった」と少しずつ達成感を味わいながら、地道に筋力をつけていきます。勉強も同じで、負荷に耐えて、「解けた」という達成感を積み重ねて地道に学力をつけていきます（こういう子は自立心が育ち、大人になったときの問題解決能力も高くなります）。

手助けはほんの少しくらいにしましょう。**「間違ってもいいじゃないか、くり返せばできるようになる。根気よく付き合おう」**くらいの、ゆったりした気持ちで接してください。

③子どもが問題を見て黙っているとき、口出しをしてしまう

入塾前の三者面談では、子どもに質問を投げかけています。昨日の学校での出来事だったり、勉強のやり方だったり、趣味や好きなスポーツなど様々。

このとき、私は目や口の動き、反応を何気なく観察しています。そして返答を分析して考え方、性格、得意なことや苦手なことを探っています。指導前の参考になるからです。中には自分の考えを口に出せない子もいますが、それはそれでいろいろわかるので、極端な話ずっと黙っていても構いません。

ところが、質問に困りながらも返答を考えている（表情を見ればわかります）子に、「黙っていないで答えなさい」とせかす、もしくは「昨日の出来事なんて簡単じゃない。昨日はホラ、〇〇さんの誕生日だったでしょ。それでプレゼントをお家に持っていったじゃない。そして～……」と、代わりに返答する保護者がいらっしゃいます。

この場合、前者は考えている過程を邪魔しています。後者はもっとひどくて、せっせと作り上げようとしている答えを横取りしています。こちらに配慮してのこととは

存じますが、どうか待ってほしいなあと感じています。

家で子どもの勉強をみる際も同じこと。**じっと問題を考えている子は、いわば頭の中で自分と会話しているからたいていは黙っています。**そのときに「変化がないなあ、わかっているのかなあ、ほら、これはね……」とあれこれと口出しをされると「うるさいなあ」とやる気をなくします。

「勉強」をサンプルに我が子の反応を見てみよう、くらいのゆったりとした気持ちで接してあげてください。すると必ずいい部分が発見できますよ。

自己肯定感を高めるレッテル効果

心理学に詳しいわけではありませんが、子どものよい特徴を見つけたら、「君は○○な子だね」と語りかけるようにしています。すると、その子は本当にそうなっていく……そんな話をします。

成績の上下によって「ハイクラス」と「普通クラス」に分ける学校がありますね。高校教員時代、とある普通クラスを担任することになりました。

「普通クラス」と呼び名が付いてはいましたが、実際は普通以下が多い集団で、勉強はもちろんのこと、学校行事にもやる気を感じさせない消極的な子たちばかり。性格が曲がっているわけでもなく、むしろどちらかというと優しい性質の子。彼らはなぜこんなにも消極的なのでしょうか。

結論から言うと、「自己肯定感の低さ」が原因でした。

子どもの自己肯定感が低い原因はそれぞれあるので、ここでは言及しません。ともかく、この部分から改めないと、イキイキとした学校生活は過ごせないと考えた私は、彼ら全員に共通するよいところはないかと細かく観察し始めました。すると、学習態度、生活態度、課外活動などー日を眺めていると、どれもパッとしないものの、唯一清掃活動は「不真面目ではない」ことに気付きます。

学校での掃除時間は、たいてい数名はさぼるもの。しかし、彼らは「とても真面目」とは言えないまでも、何となく持ち場を清掃しています。クラスの中で堂々とさぼっている者は一人もいない。誰もさぼらないなんていい子たちだなあ、と感心した私は「よし、これでいこう」と決め、帰りのホームルームで全員に語りかけました。

「**君たちは、誰もさぼらず持ち場を掃除するよね。**こんなクラスはうち以外ないよ。廊下、教室、水飲み場、窓ガラス……。どこもきれいになっているじゃないか。こんなクラスは初めてだ。担任になれて嬉しい。**君たちは学校で一番清掃する子たち**だ。明日もこの調子だよ」

状況を捉えてそこを褒め、**「学校で一番清掃する子たち」と、私は彼らにレッテルを貼りました。**

朝のホームルームでは「教室がきれいで気持ちいいね」。

帰りのホームルームでも「今日もがんばった。清掃って学習と同じくらいよいことなんだよ」。

語り出して二週間後くらいでしょうか。清掃時間の様子を見ていると、それまでの「不真面目ではない」から「真面目」に取り組む子が増えてきました。最初の頃は「ごくごく普通」の状態だった教室の床が、本当にきれいになっています。彼らも持ち場を一生懸命に掃除。こんな素直な高校生たちはなかなかいないと思えるほどに。

そして、男子も女子も楽しそう。

「ああ、いい表情になってきたなあ」と嬉しくなった私は、さらに心から彼らを褒めることができました。

「君たちはにこにこ楽しそうだね。**みんな仲よしだ。**素晴らしいことだよ」

そのうち、

A君は「よし、ほうきがけが終わったぞ。みんな、机を運べ」と教室掃除のイニシアティブを取り、Bさんは「廊下のモップがけが終わったから」と、友達の黒板ふきを手伝い、C君は「おい、角にまだホコリがあるぞ」と、一昔前の姑のような指摘をしだす始末。

一月後には、清掃時間は楽しく、普段も笑顔の多い和やかなクラスになっただけでなく、団結力、学習態度、人間関係など、学校生活のすべてによい効果が現れました。

この事例において、私が皆さんに言いたいのは**「よいレッテルを貼れば、子どもは本当にその方向へ動く」**ということです。

経験上、レッテル貼りは立場が上である者が行えば効果は高いようです。もう一度言いますが、よいレッテルを貼ると子どもは本当にその方向へ動きます。私たち大人が気をつけなければならないのは、決して子どもに悪いレッテルを貼ってはいけないということ。先程の言葉を裏返すと**「悪いレッテルを貼れば、子どもは本当にその方向へ動く」**に等しいのです。

「あなたはのろまだね」

「あんたは片付けができない子だ」

「また間違えている。計算が苦手なんだね」

そんな言葉を子どもに浴びせ続けると、「私はのろまで、片付けができない、計算が苦手な子なんだ」と思い、実際にそうなります。このような声かけをしつけと勘違いしてはいけません。

ここで、子育てでよく耳にする有名な詩、ドロシー・ロー・ノルトの「子は親の鏡」を紹介しましょう。

*

『子は親の鏡』　ドロシー・ロー・ノルト

けなされて育つと、子どもは、人をけなすようになる
とげとげした家庭で育つと、子どもは、乱暴になる
不安な気持ちで育てると、子どもも不安になる

「かわいそうな子だ」と言って育てると、子どもは、みじめな気持ちになる
子どもを馬鹿にすると、引っ込みじあんな子になる
親が他人を羨《うらや》んでばかりいると、子どもも人を羨むようになる
叱りつけてばかりいると、子どもは「自分は悪い子なんだ」と思ってしまう
励ましてあげれば、子どもは、自信をもつようになる
広い心で接すれば、キレる子にはならない
誉めてあげれば、子どもは、明るい子に育つ
愛してあげれば、子どもは、人を愛することを学ぶ
認めてあげれば、子どもは、自分が好きになる
見つめてあげれば、子どもは、頑張り屋になる
分かちあうことを教えれば、子どもは、思いやりを学ぶ
親が正直であれば、子どもは、正直であることの大切さを知る
子どもに公平であれば、子どもは、正義感のある子に育つ
やさしく、思いやりをもって育てれば、子どもは、やさしい子に育つ

守ってあげれば、子どもは、強い子に育つ
和気あいあいとした家庭で育てば、
子どもは、この世の中はいいところだと思えるようになる

＊

- 子どもを馬鹿にすると、引っ込み思案な子になる
- 叱りつけてばかりいると、子どもは「自分は悪い子なんだ」と思ってしまう
- 励ましてあげれば、子どもは、自信をもつようになる
- 認めてあげれば、子どもは、自分が好きになる

これらは**「親のレッテル効果が、子どもへ与える影響力」を物語っている**と解釈してもよいでしょう。厳しいしつけも大切ですが、それだけでは子どもはまっすぐに育ちません。よい方向へ育つには、肯定感を高める声かけが不可欠です。

私は毎日、小・中・高・大・社会人の国語指導を行っています。漢字の書き方から

小論文指導まで様々。レッテル効果を意識しているわけではないですが、その人の成長を発見したら（本人は気付いていないケースがほとんどです）、必ず伝えるようにしています。

「この短文は面白い。いい発想をするようになったね。こういう『ちょっと変わった』考えを含む作文は、読み手にとって楽しいんだよ。**君は文章で人を楽しませる才能があるね**」

小5のＩ君は進んで作文に取り組むようになり、半年後に、作文コンクールに入賞しました。

「（長文の段落要約に取り組ませ、それに対する設問が満点だった子に）ほら、要約ができると全問できたでしょ。今までは読み方を知らなかっただけで、もともと能力はあったんだよ。専門家の私が言うんだから間違いないさ。**君は文を読み解く力がある子**だよ」

中2のＴさんは、その後一生懸命長文要約に取り組むようになりました。もちろん、そうなると本当に読解力がつきます。定期テストは毎回九〇〜一〇〇点。

大人にも効果があります。公務員試験対策に取り組んでいるKさん。「Kさんの小論文は、**現状分析と原因考察のまとめ方が丁寧**になりました。だから、その後の『具体的提案』のくだりが読み手に自然に入りますね」と批評すれば、分析・考察に対する意識が高まり、さらに深みのある文を書くようになりました。

このように、よいレッテルを貼ると人はそこへ向かおうとします。指導者や親は、できるかぎり明るい言葉をかけてあげてくださいね。

ただし、注意があります。それは、**嘘はいけない**ということ。本当にその傾向があるものでないと、ただの「お世辞」「おだて」です。それは本心でないため、すぐ子どもに見抜かれます。

子どもを褒めるときは、理由も添えて

「褒める」方法について記しましょう。

まず力説します。それは、学習面を伸ばしたいのなら**生活指導よりもかなりシビアな覚悟で褒めなくてはならない**ということ。日々の習慣などは「よくできたね、えらい！　それを明日もやってみよう」と褒めれば身につくかもしれません。しかし、他の誰かと比較されることの多い勉強においては「褒め」の取り組み方が異なってきます。

授業が終わって、お迎えにいらっしゃった保護者と立ち話していると、「先生が褒めてくださるので、息子は通うのが楽しいそうです」とお礼の言葉をいただくことがあるのですが、正直言うとこういう話をされたとき、「はて、褒めたっけ？」と自問しています。

うちに通っている子はよくわかっていると思いますが、私はとても自由人です。「どうして助動詞『き』が直接体験の過去で、『けり』は間接体験の過去、の意味になるんですか？」など、参考書に書かれていない質問は喜んで説明する一方、「助動詞『つ』と『ぬ』の意味は何でしたっけ？」といった、調べればわかる質問は「文法書を読みなさい」と冷たく突き放します。

頭を使わせて成績を伸ばすのが私の仕事ですので、すべての質問に懇切丁寧に答えることはありませんし、無理やりよいところを見つけて褒めようとも考えていません。そんな言葉は**心に響かない**からです。

こうした話題になると、「具体的にはどう褒めるのですか？　実践したいので早く教えてください」と方法に興味を示す方は多いものの、**肝心の褒める側（つまり自分）の「子どもからの見え方」まで客観的に観察できている方は少ない**と感じています。しかし、本当に大事なのはここ。

（勉強に関しては）褒める言葉それ自体もさることながら発信する側のキャラクター

も大切で、普段から部下の欠点ばかりを指摘している上司が、いつものように小言を並べても耳に残らないですよね。「ああ、またか」と流されてしまいます。同様に「とにかく褒めよう」と意識し過ぎて子どもを持ち上げても、何を一番褒めるべきかという焦点がぼやけてしまうし、そんな大人の作為を感じ取った子は、褒められたことを伸ばそうという気も低くなります。

私は「褒めて伸ばそう」と意識していません。よいことも悪いことも正直に語ります。「褒められた」と感じた子は、私の感想の中に含まれた褒め言葉がたまたまひっかかっただけにすぎません。しかし、**本心からかけられた言葉は、心に響く**のです。

では、私が子どもたちを褒めるのはどんな場合か。それは**彼らの一歩成長した姿を発見したとき**です。

当塾には小学生から社会人まで様々な年代の方がやってきます。そして、**全員を私が教えます。それがルールだからです。**同じ人間が最初から最後まで毎回指導するわけですから、当然些細な変化にも気付きます。

「今日は前回より手の動きが鈍い。疲れているのかな」「簡単に解けて飽き気味だな。

次はもう少しひねった問題で鍛えよう」と、観察しながら取り組みを調整します。

そんな中、「おっ、今日は因果関係がわかりやすい文を書いているな」とか、「抽象論ばかりだったこの子の小論文が、今回は自分の言葉で具体的に説明しているぞ」といった進歩に気付く瞬間があります。教えている者にとって、こうした変化が嬉しくないはずがありません。すぐに声かけします。

「今までは前後のつながりが薄く、展開もわかりづらい文を書いていた。しかしこれを見なさい。前半に理由、後半に結論、と無駄なく書かれている。伝わりやすい文になっているよ。よくやった。読み返してごらん。イメージが浮かびやすくなっているでしょ？　がんばったね」

「今までの小論文まではね、よいことを書いているようで読み手には届かない、無難な抽象論だった。つまり『自分の言葉で説明する、というチャレンジの放棄』だったんだな。しかし今回は違う。借り物でない言葉で相手に伝えようとしている。テーマに対して正面から格闘している。それをひしひしと感じるよ。こうやって書き手が気合いを入れた箇所は、読み手にも伝わる。ついに次のステップに進んだね、おめでとう」

伸びるためにはどうやって褒めたらいいのか、という答えは人それぞれでしょう。私の場合は**「子どもをよく観察して成長した瞬間を見逃さず、『君は成長したんだよ』と気付かせてあげる」**です。このときの説明はとても大切。何がよかったのかを詳しく伝えます。正直な感想なので、受け取る子の心に自然に入っていきます。

すると、彼らは褒められた部分を意識したり、自分では知らなかった長所を初めて発見したりして、さらによい方向へ向かいます。子どもが前向きな気持ちになったならば、その後も細かな成長の瞬間を発見し、それを気付かせてあげればよいのです。

結論。**勉強において伸びていく褒め方とは「褒めて伸ばそう」ではなく、「伸びたことを褒める」「何が伸びたかを説明する」**です。多少の時間はかかるし、都合よくいかないこともあります。しかし、丁寧に観察していれば子どもには必ず成長の瞬間があります。それを決して見逃さず、自分の言葉で語りましょう。学習面を伸ばすための褒め方は安易ではなく、画一的なマニュアルがあるわけではありません。しかし子どもと真剣に向き合い、一生懸命に見つめて声かけすれば、きっと心に響きますよ。

親は、子どもの前で先生の悪口を言ってはいけません

そんな人はいないと思いますが、もし手っ取り早く子どもの成績を落としたいなら、学校の先生の悪口を毎日言ってみてください。すぐに効果を発揮するでしょう。子どもが意欲的に学習（生活習慣や勉強などすべて）するには、先生に対して敬意・好意の気持ちを抱くことが大切です。しかし、親が「あの先生は……」と悪口を述べると以下の事態が起こります。

①子どもは、先生のことを「悪口を言ってもいい存在なんだ」と認識します

子どもにとって親は身近なお手本。親のすることは何でも真似しますよね。そんな

親が悪口を言っていると、子どもも学校の先生の悪口を言うようになります。親の真似をするのです。

②先生に対する「敬意・好意の気持ち」が失われます

親が学校の先生を下に見ていることがわかりました。ということは、下に見てよい存在なんだと子どもは理解します。だんだんと、先生に持っている敬意や好意が失われてきます。同時に、まわりの大人を敬う心構えもなくなってきます。

③先生の言うことを聞かなくなります

悪口を言ってもよく、敬意を払わなくてもいい存在、と子どもに思われた先生の言うことを聞くはずがありません。言葉が心に響かなくなります。

④先生の生活指導・授業に耳を貸さなくなります

具体的な例をあげると、「朝は挨拶しようね」「名前を呼ばれたら大きな声で返事してね」「みんな仲よく。誰かを仲間はずれにしたらだめだよ」などに耳を貸しません。授業をまともに聞きません。おしゃべりをしたり、さわいだりします。

なかにはどうしても尊敬できない先生、悪口を言いたくなる先生がいるかもしれません。そのときは直接先生や学校に伝えるなりしていいですが、子どもの前では避けましょう。そのうち成長するにつれ、子どもの方も「人を見る目」が養われていきます。それまでは保護者も前向きな言葉をかけてあげてくださいね。

指導者は、子どもの前で他人の悪口を言ってはいけません

生徒と接していると、彼らから学校の先生の悪口が出ることがあります。なかには「真剣な悩み」と捉えてケアする場合もありますが、便乗して私が悪口を重ねることはありません。理由はいくつかありますが、主なものを二つあげましょう。

理由①　学校の先生の悪口を言うと、巡り巡って自分が苦労するから

教員を批判する講師は少なくありません。確かに突っ込みどころはあるかもしれませんが、**これを子どもの前で行う意義はあるのでしょうか？**　学校の先生を貶めて、相対的に自分の能力を誇示する講師は、巡り巡って苦労を背負います。

たとえば、塾講師Aさんが中学生B君を受け持ち、学校で数学を教えているC先生を批判したとしましょう。

「C先生の教え方はだめだなあ。B君にわからなくて当然だよ。僕に任せてごらん。もっとわかりやすく説明してあげる」

小中学生の場合、教えてくれる先生が好きか否かで授業に対するモチベーションは大きく変わります。他の指導者が「教え方が下手な先生だ」とレッテルを貼ると、その先生への敬意や好意が削がれてしまい、授業を真剣に聞かなくなります。すると、**だんだん学習に対するインプット能力が落ち、**大切なポイントも聞き逃すので当然ながら成績は下がります。

成績が下がるとAさんはそこをカバーしないといけません。彼はB君に聞きます。

「なんでこんな大事なことを知らないの？　学校の授業は聞いていた？」

「聞いていたよ。でもわからん。あの先生は説明が下手なんだもん」

残念ながら、たいていの子どもは自分を客観視できず、都合の悪い話もしません。

こう言われると頼りにされているなと燃えるAさん。

「そうかそうか、じゃ先生がわかりやすく教えるね。これはこうで……」

「よくわかった！　先生ありがとう！」

Aさんと B君の絆が深まったよい話のようですが、これは、**B君が学校の授業を聞いていれば生じない無駄な学習時間**です。この状況は今後も続くでしょう。学校の授業を聞く気がないので、塾でまた最初から教えねばなりません。その労力は大変ですし、後手な学習に時間を費やすのでなかなか応用・先取りに進めません。

その原因を作ったのは、実は自分だと気付かないAさん。こんな苦労はしたくありません。

理由②　指導者による悪口は、子どもに悪い影響を与えるから

子どもは、潜在的に大人を尊敬したい気持ちがあります。指導者に対してはなおさらです。その指導者による悪口は、彼らの心に釣り針のごとく嫌な刺さり方をします。

みなさんが子どもの頃、大人が、他の大人の批判を行っている場面を覚えていませんか？

私は中学生の頃、担任の先生が社会科の先生のことを「あいつは仕事が遅い」と強く吐き捨てたときの顔を今でも覚えています。夏休みだけ受けた塾の講座で、「君の学校ってこんな宿題出しているの？　その先生は何を考えているのかなあ」と担当講師の人を見下した声を今でも覚えています。

いずれも嫌な印象しか残っていません。「指導する大人」という公的な仮面の下の素顔を見てしまった。そしてそれは醜いと感じた……と書いたら言い過ぎでしょうか。ともかく、そのときの感覚を、かかわっている子たちには味わわせたくないと考えています。だから、彼らの前で悪口や愚痴は決して言いません。

「指導者」は、まず子どもにとってよき大人でありたいですね。

参考文献

『文章の品格』林望　朝日出版社
『あすなろ物語』井上靖　ポプラ社
「渡りの一日」〈『西の魔女が死んだ』〉梨木香歩　新潮文庫
「明治の夜」（『坪田譲治全集10』）坪田譲治　新潮社
「ピザ・パイの歌」わたりむつこ（『新選・子どもの文学19　作りそだてるものがたり』）日本児童文学者協会編　小峰書店
『やまびこのうた』笹山久三　河出書房新社
「ハーフ」草野たき　ポプラ社
『暗夜行路』志賀直哉　新潮文庫
『変身』フランツ・カフカ／高橋義孝訳　新潮文庫
『斜陽』太宰治　新潮文庫

『吾輩は猫である（上）』夏目漱石（少年少女日本文学館 第二十七巻）講談社
『セロひきのゴーシュ』（宮沢賢治童話全集 新装版8）宮沢賢治 岩崎書店
「子は親の鏡」（新装版『子どもが育つ魔法の言葉』）ドロシー・ロー・ノルト／レイチャル・ハリス／石井千春訳 ＰＨＰ研究所

あとがき　――言葉を、未来への手がかりにしよう

「目の前に『とても美しいダイヤモンド』がありました。これを、『とても』『美しい』『ダイヤモンド』を用いず相手に伝えなさい」

あなたなら、どう答えるでしょうか？

手元にあるのは学生時代のノート。当時の私は文芸ゼミに所属しており、笠原淳教授（芥川賞を受賞したプロの作家です）の指導のもと様々な創作活動を行っていました。ノートには、教授から拙作へのアドバイスが残されています。

「この場面は君の頭で描いた想像だな。言葉に力がない。それに対してここは実際に体験した出来事だろうね。状況描写にリアリティがある。体験をともなった表現はそのまま書くだけで読者の心に響くものだ」

「悲しい場面を表現するのに『悲しい』という言葉を使っている。凡庸だねえ。作者

がこの言葉を使ったとたん作品の世界は一気に小さくなってしまう。読者の想像を喚起する表現を選びなさい」

「文にリズムがない。いろいろ詰めこもうとしてごつごつとした文体になっている。崎山君、経験不足が露呈されているな。作者が説明をし過ぎると、読者にとってはイメージが広がらない。言葉を削るのも表現なんだよ」

月日が経ち、教える側の立場になってみると、教授の言葉はさらにしみます。

今の説明では伝わらないかもしれない。もっとフワリと包み込むような、もしくはもっとズシリと重く響く言葉はないだろうか？　考えると際限がありません。

そんな自戒も込めて、改めて子どもたちに願うのは**「知っている言葉をどんどん増やしてほしい」**ということです。家庭や学校で学ぶ言葉はもちろん、本を読み、ニュースを眺めてもよいし、日常や感動体験を日記にしてもよい。内なる言語を増やしてほしい。

なぜなら、**見えている世界は言葉によって表現され、表現されると、世界はさらに彩りが与えられていく**からです。言葉が増えると人生の景色は広がり、より味わい深くなっていきます。語彙力は、問題を解くためだけに必要なものではありません。目に見える（あるいはまだ見えていない）世界を豊かにしてくれます。ひとつひとつ自分の言葉を増やし、未知の未来への手がかりとしてください。

私のつぶやきのどれかが、国語で悩んでいる親子のヒントとなれば、これに勝る喜びはありません。勉強も遊びも一生懸命に取り組んで、文章だけではなく**世の中を読み解く力を身につけてくださいね。**

崎山　潤

著者プロフィール

﨑山 潤（さきやま じゅん）

1977年、沖縄県宜野湾市で生まれ育つ。
法政大学文学部日本文学科卒業。予備校や中高一貫の進学校における勤務を経て、2012年から故郷の沖縄に戻り、国語専科の「総合国語塾」を立ち上げる。小学生から社会人まで幅広く指導するが、高校教員時代に「**国語の素養は子ども時代から育てる必要性がある**」と感じて以来、特に小学生の国語力育成に力を入れている。ひとりひとり生徒の頭の中を分析しながら指導していくスタイルで、小中国語・現代文・古典・小論文と、全ての分野において生徒の力を引き出す。

これで国語がよく伸びる 思考力・判断力・表現力を育てる導き方

2021年6月15日　初版第1刷発行

著　者　﨑山 潤
発行者　瓜谷 綱延
発行所　株式会社文芸社
〒160-0022　東京都新宿区新宿1－10－1
電話　03-5369-3060（代表）
03-5369-2299（販売）

印刷所　株式会社フクイン

ISBN978-4-286-22668-2
JASRAC 出 2103117－101